本书得到下列项目联合资助

国家自然科学基金重大项目"中国冰冻圈服务功能形成过程及其综合区划研究"第三课题"中国冰冻圈过程与人文服务功能评估"（41690143）

中国科学院 A 类战略性先导科技专项"地球大数据科学工程"项目七"时空三极环境"子课题"三极冰冻圈服务与功能"（XDA19070503）

中国科学院 A 类战略性先导科技专项"美丽中国生态文明建设科技工程"项目六"生态脆弱区绿色发展途径与区域综合示范"子课题"冰雪旅游资源的品质提升与示范"（XDA23060702）

国家自然科学基金项目"冰冻圈服务功能及其服务价值研究"（41671058）

国家自然科学基金创新群体项目"冰冻圈与全球变化"（41421061）

达古冰山风景名胜区管理局委托项目

玉龙雪山省级旅游开发区管理委员会委托项目

冰冻圈科学国家重点实验室自主课题（SKLCS-ZZ-2018）

宜春学院博士科研启动经费项目

山地冰川与旅游可持续发展

王世金　车彦军　著

科学出版社

北　京

内 容 简 介

本书旨在综合考虑气候变化、山地冰川变化和旅游可持续发展三者的关系，以玉龙雪山和达古雪山典型冰川旅游目的地为主要研究对象，深度分析典型冰川的发育条件和冰川旅游的发展进程。在此基础上，系统分析在气候变暖的背景下典型冰川旅游目的地冰川的时空变化态势及冰川旅游发展的潜在风险。同时，揭示不同旅游发展阶段冰川旅游目的地客源市场时空结构特征及客源时空分布的主要影响因素。本书对在气候变暖背景下中国冰川旅游快速发展、客源市场时空结构优化具有一定的理论指导意义。

本书可作为冰川学、地理学、旅游学、社会科学等相关领域科研人员和高等院校师生的参考书，也可供从事冰雪旅游目的地管理、运营、营销等工作的人员参考。

审图号：GS（2019）1861 号

图书在版编目（CIP）数据

山地冰川与旅游可持续发展／王世金，车彦军著 . —北京：科学出版社，2019.5

ISBN 978-7-03-061111-6

Ⅰ. ①山… Ⅱ. ①王… ②车… Ⅲ. ①冰川–旅游业发展–研究–中国
Ⅳ. ①F592.68

中国版本图书馆 CIP 数据核字（2019）第 080361 号

责任编辑：周 杰 王勤勤／责任校对：樊雅琼
责任印制：肖 兴／封面设计：铭轩堂

科 学 出 版 社 出版
北京东黄城根北街 16 号
邮政编码：100717
http://www.sciencep.com

北京虎彩文化传播有限公司 印刷
科学出版社发行 各地新华书店经销

*

2019 年 5 月第 一 版 开本：787×1092 1/16
2019 年 5 月第一次印刷 印张：12 插页：2
字数：300 000

定价：**158.00 元**
（如有印装质量问题，我社负责调换）

前　言

　　冰雪资源、海洋资源、森林资源被联合国世界旅游组织认定为未来重点开发的三大旅游资源。全球气候变暖，北极航道范围的扩大和通航时间的增加，使环北极旅游变得更加便利。经济和环境是旅游业发展的关键因素，全球主要经济体经济趋好，各国消费者信心指数持续升高，从根本上推动了全球旅游需求稳步增长。尤其是2016年3月，习近平总书记在全国两会期间强调，绿水青山是金山银山，黑龙江的冰天雪地也是金山银山，指出未来冰川旅游将成为一些冰雪资源丰富区的经济增长点。冰川作为地表景观的重要组成部分，其与社会的联动关系标志着当地或异地行动者归属、感知以及价值的认知过程。因此，冰川不仅是重要的自然资源，还是一些山地国家或地区赖以发展的重要经济资源，更是自然界与社会相互作用的重要介质。然而，山地冰川与旅游可持续发展之间还存在气候变化带来的不确定风险，进而为山地冰川与旅游可持续发展带来一定挑战，急需建立三者之间的联系及其适应性管理方案。

　　党的十九大报告提出，建设美丽中国，推动绿色发展，发展和生态是须臾不能松劲的两件大事。冰雪资源是中国西部的重要资源禀赋，也是未来发展的基础所在。西部冰川旅游将成为践行生态文明和生态发展的重要驱动因素手段，并有望得以快速发展。当前，中国玉龙雪山、贡嘎雪山、达古雪山、梅里雪山冰川旅游开发已具有一定的基础，这些区域为今后其他区域冰川旅游保护性开发起到了很好的试验示范作用。其中，达古雪山位于青藏高原最东缘现代山地冰川作用中心区，该区是中国纬度最高的季风海洋型冰川发育的代表性区域之一，也是中国季风气候与非季风气候的交界区域、热带季风气候向高原季风气候的过渡地带，同时也位于藏彝走廊农牧交错带。独特的地理位置和多样性的区域气候，使达古雪山冰雪、生态及其文化受全球变化和人类活动的影响极为显著。目前，达古雪山作为大九寨国际旅游区的重要景观组成部分，冰川是其垄断性景点，但开发程度较低，冰川旅游发展较慢，对外营销推介和向客源市场展现的冰川知识极少，急需开展一系列的冰川研究工作，特别是开展长期的冰川定位监测研究，以服务该区域未来冰川旅游开发。

达古雪山现存冰川以小型悬冰川、冰斗冰川和坡面冰川为主。冰川平均坡度为28°，朝向以西和西北方向为主，平均海拔为4920m，冰川厚度最大为60m，冰储量约为0.16km³。20世纪中期以来，全球变暖为特征的气候变化极为显著。受此影响，达古雪山地区1961~2017年增温率为0.27℃/10a。气温变暖使达古雪山地区的冰川出现快速消融、退缩，甚至消失现象。目前，达古雪山地区分布冰川11条，相比第一次冰川编目消失了4条。达古雪山冰川面积从1975年的6.84km²缩减到2017年的1.75km²，冰川面积缩减了近75%。如此惊人的缩减速率，对未来达古冰川旅游构成了巨大的潜在影响。全球冰川旅游是一个极具潜力的旅游类型，但全球气候变暖却严重影响冰川旅游环境。事实证明，气候变暖已导致冰川快速消融和退缩，对经济社会系统产生了巨大影响。事实也表明，一些山地冰川景观美感或吸引力在下降，面临持续消退甚至消失风险，这不仅影响山区居民的冰雪文化崇拜或信仰，而且还导致冰川可达性和冰川体验性难度增加，甚至使部分冰川旅游目的地面临冰川灾害的潜在危害。特别是，对于主要依赖冰雪资源发展旅游业的地区而言，冰川快速消退的最显著影响是冰川旅游目的地游客数量的大幅度减少和当地旅游收入的大幅度缩减。当前，急需未雨绸缪，提前适应全球气候变化带来的综合影响。

在本书的撰写过程中，中国科学院寒区旱区环境与工程研究所苏珍研究员在达古雪山冰川形成条件方面提供了许多建议，郭万钦博士提供了第二次冰川编目数据，魏彦强博士解译了达古雪山冰川遥感影像，硕士生齐翠姗、周蓝月参与了冰川旅游目的地客源市场调研及其数据统计，硕士生孙振沅对本书文字进行了校稿，在此一并表示衷心感谢。同时，本书的出版也得到了达古冰山风景名胜区管理局、玉龙雪山省级旅游开发区管理委员会等地方政府部门的大力支持，在此一并致以诚挚的谢意！

本书因遥感影像来源不同、资料及数据来源各异，故存在部分数据不一致现象，但这并不影响对当前冰川整体快速退缩现状和对未来山地冰川旅游发展部署的认识。本书中海洋性冰川与海洋型冰川等同，是按冰川物理特性（冰温）划分的。本书是山地冰川与旅游研究的尝试性结合，处于初探阶段，加之我们所掌握知识和对问题理解深度的限制，本书难免存在不妥之处，望读者指正。在后期的研究中，我们将不断改进，使之更为完善。

王世金　车彦军

2018年10月金秋于金城兰州

目　　录

|第一章| 引　　言

　　冰雪资源、海洋资源、森林资源被联合国世界旅游组织（World Tourism Organization，UNWTO）认定为未来重点开发的三大旅游资源。2016 年 3 月，习近平总书记在全国两会期间指出，绿水青山是金山银山，黑龙江的冰天雪地也是金山银山。在此背景下，当前持续的气候变暖为中国冰川旅游的快速发展提供了前所未有的机遇。然而，当前持续的气候变暖也使冰川旅游目的地冰川景观退缩极为严重，急需将冰川监测及其科学研究提上议事日程，为未来冰川保护性开发提供技术支撑，以降低气候变化对冰川旅游目的地的影响程度。

第一节　冰川旅游内涵

　　冰川作为冰冻圈的重要组成部分，深受气候波动影响，常被作为气候变化的天然指示器。深入开展冰川变化过程和机理研究，将冰川监测与模型结合，是目前冰川学研究的热点和前沿领域，也是解决冰川旅游乃至冰川变化引发的水资源、生态等问题的基础。冰川指陆地表面由雪或其他固态降水积累演化（通过压缩、重结晶、融化、再冻结等）而形成的、在自身重力作用下通过内部应变变形或者沿底部界面滑动等方式运动着的多年存在的巨大冰体。在气候变化进程中，冰冻圈与大气圈、生物圈、岩石圈以及水圈之间相互作用。长期以来，冰冻圈作为各大圈层相互作用的关键枢纽，发挥着不可替代的作用。冰川是气候的产物，也是冰冻圈最核心的主体之一。由于冰川对气候变化的响应十分敏感，在全球气候变化评估中，常以冰川波动反映气候变化，冰川也被认为是气候变化的良好天然指示器。因具有独特而壮观的景观、景象以及敏感的气候环境意义，一些山地冰川（mountain glacier）已被列为世界遗产和世界生物圈保护区的一部分加以保护性开发。

根据规模不同，通常将冰川分为山地冰川（简称冰川）和冰盖（ice sheet）（秦大河，2017）。冰川景观是在漫长地质时期受地球内外动力作用形成、发展并遗留下来的自然资源（张国庆等，2009），是陆地的重要组成部分，广泛分布于全球各大洲。全球冰川总面积虽大，但在各洲分布并不均匀，其中面积最大的冰盖分布在南极洲和格陵兰。山地冰川积累区粒雪盆、冰川下端季节性冰瀑布、冰川流动过程中形成的柱状冰塔林，以及冰川作用过程中形成的金字塔形的角峰、刃脊、环形冰斗（常为多级冰斗，为古雪线的标志）、冰川槽谷壁上的擦痕、羊背石（冰川磨蚀而成）、"U"形谷（冰川流动过程中侵蚀形成）、古冰川堰塞湖（位于冰川末端与终碛垄之间，其底部为颗粒较细、层理分明的冰水沉积物，可用来重建古气候变化）、侧碛、终碛垄（冰退过程中形成的垄状冰碛物，分布于冰川末端，常用来确定各次冰川作用所到达的下限）、冰水扇、冰水平原（由冰川流动过程中携带的冰碛物组成）等现代冰川景观与第四纪冰川地貌记录了山地冰川与气候之间的耦合关系（明庆忠，1990；明庆忠和景才瑞，1991；李铁松，1999）。特别地，海洋型冰川对气候变化响应更为敏感，被称为"地球气温计"。海洋型冰川变化（Oerlemans，1994，2005；He et al.，2003；Hock and Holmgre，2005；刘巧等，2011；Wang et al.，2014；Guo et al.，2014；Arendt et al.，2012，2014，2015；Brun et al.，2017；Che et al.，2017）、冰川地貌（Fahey and Thompson，1973；Evans and Clague，1994；Benn and Evans，1998）、冰芯环境记录（He et al.，2003）、冰川水文过程（范弢，2008；Pu et al.，2013；Zhu et al.，2015）、高山垂直植物带（Stöcklin and Bäumler，1996；Robbins and Matthews，2010；Chang et al.，2014）等方面的研究，对理解气候变化具有重要意义，同时，对大众冰川科普教育也有所裨益（Fischer et al.，2011；王世金，2015）。除此以外，各类冰川及其地貌具有极高的观赏价值、文化价值、科研科普价值和环境教育价值，是大自然赋予的宝贵财富。

冰川旅游是以现代冰川、冰川遗迹资源作为主要吸引物而开展的集观光性、体验性、健身性、科考性、科普性与刺激性于一体的高山带旅游活动或项目，是一项回归自然、挑战自我，具有健身强体、休闲娱乐、科普教育和陶冶性情功能的高山户外活动（王世金，2015）。冰川旅游作为一项新兴并具有巨大发展潜力的旅游类型，为全球已开发地区带来了巨大的经济效益。虽然冰川旅游资源具有独特的景观价值和一定的垄断性旅游价值，但相对于城市、森林、草地、沙漠和湿地等地带，因早期交通不便、技术和经济落后等原因，再加上冰川的可进入性极差，甚至威胁访问者的生命安全，导致冰川旅游开发晚于其他旅游类型。当然，随着基础设施的改善、人们休闲时间的增加和旅游需求的上升，冰川旅游资源又具有独特的垄断性旅游价值，使冰川游客数量迅速增加，产生了可观的社会经济收益。

当前，冰川旅游已成为山地国家旅游发展的重要项目。由于交通条件和旅游市场的限制，早期冰川旅游活动主要起源于阿尔卑斯山、比利牛斯山脉、落基山脉和新西兰南岛等的低纬度地区。随着基础设施的改善和休闲时间的增加，冰川旅游目的地已拓展至南北极高纬度地区。因具有巨大的景观吸引力，世界上许多冰川旅游目的地已得到成功的开发和运营，并取得良好的商业经济效益，同时也给当地人们带来了可观的经济收入，并带动了当地经济增长。例如，2007 年，新西兰约有 70万游客前往西海岸冰川地区旅游（Purdie，2013），该年冰川旅游直接经济贡献超过0.8 亿美元（Tourism Resource Consultants，2007）。2008 年 5～9 月，美国阿拉斯加州冰川湾国家公园（Glacier Bay National Park）吸引游客高达 40 万人次（Pirhalla et al.，2014）。2014 年，美国蒙大拿州西北地区冰川国家公园的 230 万游客在公园附近社区花费了 1.93 亿美元，这一支出为当地提供了 3405 个就业机会；2017 年冰川国家公园的游客涨至 331 万人次（The Statistics Portal，2017）。冰岛瓦特纳冰川国家公园（Vatnaj Kull National Park）成立于 2008 年，是欧洲第二大国家公园，其面积近 14 000km²，覆盖了冰岛整个领土面积的 1/7，这一地区的一半以上被巨大的瓦特纳冰川覆盖，是冰岛最大冰帽（ice cap），也是欧洲第三大冰帽。在冰岛，冰川景观是最受欢迎的徒步旅行和观光旅游的景点类型之一。统计数据显示，2015～2016 年，在冰岛大多数旅游目的地中，前往瓦特纳冰川国家公园的游客占比为25%，冰岛至今共开发 4 条冰川，冰川游客数量占冰岛游客总数量的一半（Icelandic Tourist Board，2014，2017）。除此之外，南北极也是冰川旅游的重要目的地。统计数据（IAATO，2018）显示，自 20 世纪 80 年代西方国家兴起前往南极洲旅游的风潮后，南极洲游客数量直线上升，虽然在 2012～2014 年游客数量有些许下降，但近几年游客数量在逐渐增长，2016 年游客数量达到 4.5 万人次，2017年游客数量增至 5.8 万人次。其中，早期以美国、德国、英国和澳大利亚等国家游客为主。2011 年起，中国游客数量位居前十，并且近几年游客数量增长十分迅速。2017 年，中国游客数量高达 8219 人次，占全球南极洲游客总数量的 14%（IAATO，2018）。截至 2007 年，北极游客数量已超过 24 万人次，近年来，北极地区海冰逐渐减少。2018 年夏季，北极海冰最小范围在有记录以来并列第六（Arctic Council，2009；National Snow & Ice Data Center，2018），这意味着北极地区的可进入性大大增强，前往北极旅游的人数将会迅速增加。

随着经济发展、人们生活水平的提高，国家相继出台了《国民旅游休闲纲要（2013—2020 年)》和《国务院关于促进旅游业改革发展的若干意见》，人们工作时间和休假时间更加灵活，带薪休假日益常见，收入和时间的富余让人们对生活品质的要求越来越高，旅游已成为休假必然的行为，且专项旅游已成为旅游发展的必然结果。冰川作为特殊的旅游资源，是高寒地区特有的自然景观，形态各异的地貌、晶莹剔透的外形、独特的生态环境以及极低的可达性使冰川具有很高的观赏性、研究科普价值和神秘感，成为大众向往的旅游目的地。冰川旅游作为一种以冰川资源为载体的特殊旅游类型，属于生态旅游的一种，其发展前期受到封建迷信和当时客观条件（山区交通可达性差，没有便捷通道，如索道）的限制，发展起点晚于沙漠、海洋、草原、湖泊等其他类型的生态旅游。科学合理地发展冰川旅游，一方面可以增加游客的冰川知识，增强其生态保护意识；另一方面可以促进当地经济发展，提供大量就业机会。对于在冰川区开展旅游活动的利弊这一问题，数位冰川学者及旅游学专家论证认为，如果在旅游开发过程中采取恰当措施，冰川旅游不仅可以带动当地经济的发展，而且在保护层面可以加强对生态环境的保护，提高游客的生态保护意识（院玲玲等，2008；王世金等，2008）。国外冰川旅游开始于 19 世纪，20 世纪的大众旅游使其得到较大发展，80 年代最为流行。我国冰川旅游历史悠久，因冰川发育环境恶劣，对冰川的早期了解主要来源于登山探险、贸易、科学考察等活动，20 世纪 80 年代初伴随着中国旅游业的发展，冰川作为专项旅游资源开始从少数人的探险、考察逐步向大众旅游过渡。近年来，冰川旅游作为一种以冰川资源为载体的专项旅游，受到越来越多的关注。中国冰川资源丰富，是世界上中低纬度冰川资源最为富集的国家，冰川面积约为 5.18 万 km^2，冰川储量为 0.43 万 ~ 0.47 万 km^3，约占世界冰川（不包括南极冰盖和格陵兰冰盖）面积的 7.10%[①]，约占中国国土面积的 0.54%（刘时银等，2015）。其中，海洋型冰川距离人类活动区较近，气候适宜，水热条件良好，人文旅游资源丰富，可进入性强，成为冰川旅游的最佳选择。2008 年，玉龙雪山冰川旅游活动创造了超过 5 亿元的直接旅游收入，

---

① 世界冰川（不包括南极冰盖和格陵兰冰盖）面积按照政府间气候变化专门委员会（Intergovernmental Panel on Climate Change，IPCC）第五次评估报告的 72.6 万 km^2 计算。

较 1994 年增幅达 2168 倍（王世金等，2008）。2016 年，玉龙雪山冰川游客高达 384 万人次，其旅游收益达到 18 亿元，其中直接由玉龙雪山冰川带来的经济收益为 4.0 亿元。海螺沟冰川森林公园被 "2017 年第二届博鳌国际旅游传播论坛" 评为 "年度最佳旅游目的地"，其中，作为 "中国最美六大冰川" 之一的海螺沟冰川则是该景区的垄断性景点。据统计，截至 2012 年 10 月，海螺沟冰川森林公园接待游客达到 271 万人次，旅游总收入达到 134 041 万元，门票总收入达到 8695 万元，冰川旅游带来的效益已经成为当地社区居民主要的经济来源之一（朱智等，2016）。近年来，达古冰川已逐渐发展为我国第三大冰川旅游目的地。2018 年 3 月，四川达古冰山地质公园被国土资源部列为国家地质公园。同年 1 ～ 5 月，达古冰川风景名胜区接待游客 2.77 万人次，门票收入达 197.05 万元，较 2017 年同期分别增长 1.13% 和 28.0%（阿坝藏族羌族自治州旅游发展委员会，2018）。2007 年 5 月，西藏米堆冰川景区正式运营，截至 2007 年底共接待游客 1 万多人次，2009 年接待游客达到 2.5 万人次，占波密县游客总数的 15%（赵佩燕等，2016）。其他冰川景区包括横断山区明永冰川和雪宝顶冰川、念青唐古拉山东段来古冰川以及祁连山七一冰川和透明梦珂冰川。尽管中国冰川旅游人数呈井喷式增长，但旅游目的地基础设施、服务水平并未与之匹配。总体上，中国冰川旅游开发仍处于初级阶段，且各类冰川旅游目的地开发程度参差不齐，发展成熟的冰川景区相对较少。

2018 年全球平均温度比 1981 ～ 2010 年平均值高出 0.38℃，较工业化前水平（1850 ～ 1900 年平均值）高出约 1.0℃。受全球变暖影响，1901 ～ 2018 年，亚洲陆地表面平均气温上升了 1.61℃，中国地表年平均气温也呈显著上升趋势（上升了 1.24℃），并伴随明显的年代际波动。期间，1951 ～ 2018 年亚洲陆地表面平均气温升温速率为 0.23℃/10a，而中国地表平均气温升温速率为 0.24℃/10a，近 20 年是 20 世纪初以来的最暖时期（中国气象局气候变化中心，2019）。其中，青藏高原的升温速率为 0.3 ～ 0.4℃/10a，约是全球同期升温速率的 2 倍，而冬季升温更为显著。总体来看，青藏高原及其周边地区大部分冰川处于退缩、变薄状态，喜马拉雅山及藏东南地区冰川退缩幅度最大，而帕米尔高原及喀喇昆仑山地区有一定数量的冰川则处于稳定或前进状态。其中，以卫星遥感影像资料为主的冰川变化对比分析研究，主要集中于天山、喀喇昆仑山、念青唐古拉山、喜马拉雅山北坡、祁连山等地区，对青藏高原东缘地区的冰川变化研究则相对较少。当前，中国冰川资源仅有 10 余处得以零星开发。同时，由于各冰川旅游景点受开发时间、投入力度、发展速度以及营销战略不同的影响，已开发冰川旅游景点发展程度参差不齐，发展成熟的景区相对较少，部分冰川旅游目的地处于半瘫痪状态，游客数量极少，旅游基础设施建设及冰川保护搁置。当然，对冰川资源较丰富的中国来说，冰川旅游仍有很大的上升空间。中国冰川旅游急需冰川基础研究的支持，其将为冰川旅游的可持续发展和管理决策提供科学依据（王世金等，2008，2012a，2012b；王世金和赵井东，2011；王世金，2015）。然而，目前中国关于冰川旅游方面的理论研究相对较少，局限于冰川旅游开发模式（徐金发等，2000；黄楚兴和陈晓平，2003；张敏和李忠魁，2005；伍光和和沈永平，2007；王世金等，2012b）、发展潜力评估（王世金和赵井东，2011）、冰川旅游对气候环境变化的影响（郑本兴，1996；院玲玲等，2008）、气候变化对冰川旅游的影响（王世金，2009；Wang et al.，2010；Wang and Jiao，2012a，2012b；Blundell and Pendleton，2015；Stewart et al.，2016）、冰川旅游游憩价值（Yuan and Wang，2018）等方面。冰川旅游目的地客源市场结构可以反映游客需求、客源地分布现状和存在的问题，其研究是管理者有针对性制订宣传营销策略，进一步提升冰川旅游目的地竞争力和增加游客数量的基础。然而，国内关于冰川旅游目的地客源市场结构的研究极少，且仅限于冰川景区客源数据的简单统计分析（朱智和李梅，2016）。

　　本书以达古雪山冰川旅游目的地为典型案例，系统分析冰川与旅游可持续发展之间的关系。本书基于地形图、Landsat TM/ETM+、ALOS/PRISM 影像以及 DEM 等多源数据，获取 20 世纪 70 年代以来达古雪山冰川面积、高程以及体积变化，并利用 23 景 ALOS/PALSAR 和 Envisat/ASAR 数据提取 2003～2010 年研究区冰川表面的流速信息，综合分析研究区冰川受气候变化影响的动态特征及影响因素，为进一步研究区域内冰川物质平衡状态与冰储量的遥感监测提供科学支持。研究显示，达古雪山冰川退缩较其他区域更为显著，如此惊人的消退速率对未来达古雪山冰川旅游构成了巨大的潜在影响。在当前全球冰川快速退缩的背景下，急需加强典型冰川旅游目的地冰川与环境综合观测研究工作，以支撑未来冰川旅游保护性开发模式的设计和运行，最大化发挥冰川旅游目的地的生态收益、社会收益、经济收益。本书借助实地观测、问卷调查和深度问询的方式，通过冰川变化与旅游客源的深度分析，明晰达古雪山冰川发育条件及其多年来的物质变化情况。基于达古雪山冰川旅游发展历程的基础研究，与玉龙雪山冰川旅游进行对比分析，详细揭示不同旅游发展阶段的冰川旅游目的地客源市场时空特征，进而对两景区冰川旅游游客量进行预估，揭示两景区冰川旅游目的地客源分布的主要影响因素。本书对于中国冰川旅游快速发展、客源市场结构优化具有一定的理论指导意义，同时，其结果将为不同旅游发展阶段的冰川旅游目的地管理、营销、宣传等事项提供典型案例。

第二节　冰川旅游研究的价值与意义

达古雪山冰川旅游正处于旅游成长期，对其进行研究对于未来中国潜在冰川旅游资源开发具有极其重要的指导作用。达古雪山冰川多属小型冰斗或坡面冰川，冰面平坦，达古冰川景区建有索道，人员可借助缆车到达冰川，开展冰川气象、冰川物质平衡、冰面吸光性物质以及水文等要素的监测工作。同时，在此开展研究还具有以下科研价值和社会意义。

一、冰冻圈服务功能研究的典型场所

2015 年，中国成功获得 2022 年第 24 届冬季奥林匹克运动会的举办权，并向国际奥林匹克委员会承诺"带动三亿人参与冰雪运动"。据估算，这将带动冰雪关联产业收入突破 3000 亿元。冰冻圈变化将对地表自然系统和社会经济系统产生显著影响，以往对其致害效应（冰冻圈灾害、风险评估）研究较深入，但对其致利效应（冰冻圈服务功能）研究缺乏系统梳理，理论和方法体系不完善。由于冰冻圈服务功能的重要性，2016 年 7 月，由冰冻圈科学国家重点实验室牵头的"中国冰冻圈服务功能形成过程及其综合区划研究"建议被国家自然科学基金委员会纳入重大项目指南，该项目于 2017 年 2 月在北京启动以来，已取得一定进展。当今和未来全球变暖趋势明显，全球冰冻圈萎缩和部分区域冰冻圈消亡趋势显著，从冰冻圈服务功能的盛衰强弱演变、功能丧失阈限来研究和预测冰冻圈影响区的可持续发展问题十分紧迫。达古雪山作为大九寨国际旅游区的重要景观组成部分，地处中国"带动三亿人参与冰雪运动"冰雪关联产业地带（图 1-1），其冰川旅游服务功能显著，景区交通可达性强，有便捷的高山索道——缆车，易于开展冰冻圈研究。

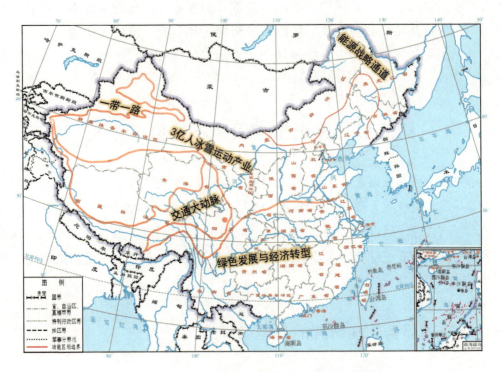

图 1-1 达古冰川在中国冰冻圈服务功能区中的位置

二、青藏高原东缘冰冻圈综合观测研究的理想基地

经过 50 多年的建设，中国科学院寒区旱区环境与工程研究所已建立了覆盖中国 2/3 国土面积，涵盖特殊环境、生态系统、陆面过程、重大工程等完善的野外观测网络体系，已形成包括中国科学院天山冰川观测试验站在内的 5 个国家野外台站、1 个院特殊环境站和 12 个研究所所属站，其空间布局包括青海、西藏、甘肃、云南、宁夏，但冰冻圈较为发育的四川仍为一空白区域，在四川开展冰川与环境观测研究，将进一步完善中国冰冻圈的基础观测，促进其可持续发展，有效推动中国冰川旅游研究与发展。达古雪山与岷山主峰雪宝顶冰川遥遥相望，一同构成了中国乃至亚洲最东缘的现代冰川分布区。这一区域是中国东部季风区与青藏高寒区、西北干旱区的过渡区，同时也是重要的藏彝走廊农牧交错带，其独特的地理位置和典型的冰川特性，使达古雪山冰雪、生态及民族文化对全球变化和人类活动影响极为敏感，急需加强冰冻圈与环境的综合观测研究工作。

然而，中国西部冰冻圈监测网络体系中对于青藏高原最东缘冰冻圈观测仍为空白。达古雪山乃至青藏高原最东缘冰冻圈及其变化的综合观测研究，对于科学规划与开发达古雪山冰雪资源、水力资源、生物资源和地质遗迹资源，适应冰冻圈变化对区域经济社会的影响将具有积极的作用，必将有效促进川西乃至藏东南地区冰雪资源保护，提升水源涵养功能，进而发挥其巨大的生态功能区作用。结合当地藏族历史文化特色，对其丰富的冰雪资源、水力资源、生物资源和地质遗迹资源进行保护性开发，将形成集冰雪、生态、文化于一体的旅游产业体系。同时，对于促进我国冰雪资源开发、生态环境保护、经济社会可持续发展、生态文明建设具有重要的科学意义。

三、致力于解决海洋型冰川观测的瓶颈

中国境内海洋型冰川约 8600 条，占冰川总面积的 22.20%，玉龙雪山是青藏高原东南缘海洋型冰川分布的代表性区域。2006 年，中国科学院成立玉龙雪山冰川与环境观测研究站。然而，玉龙雪山冰川消融区冰裂隙密布、表面破碎，物质平衡观测极为困难，严重制约着冰面长期、系统的物质平衡观测工作，以致影响消融区物质平衡值的计算精度。2016 年，四川省阿坝藏族羌族自治州（简称阿坝州）人民政府和达古冰川风景名胜区管理局批复同意与中国科学院寒区旱区环境与工程研究所共同筹建达古雪山冰雪、环境与可持续发展的观测体系和研究平台，以完善中国海洋型冰川物质平衡观测网络，为冰川与社会经济的可持续发展提供战略基础。

以达古雪山地区为核心的冰川与旅游可持续发展研究，通过对典型冰川冰雪物理化学过程、水文过程、冰川旅游服务的定位观（监）测，揭示其各个过程的演化机理及其与其他圈层的相互关系，预估冰川环境变化对未来区域旅游可持续发展的影响程度，力争在未来 10～15 年，将该地区发展成为青藏高原东缘冰川积雪、环境基础研究与社会应用研究相结合的科研示范、培训、科普与环境教育基地。

四、冰川旅游是西部生态文明建设的重要切入点和实施途径

冰川旅游是中国西部脆弱生态区重要的绿色经济增长点。依托中国丰富的冰川资源开展冰川旅游深层次产品开发，不仅是落实国家主体功能区划战略的必然需

求，也是当前冰川旅游绿色产业和精准扶贫相结合，以及未来中国山区资源开发与生态旅游发展的重要方向，同时拓展了传统冰川研究的范畴，为冰冻圈冰川资源开发提供了一定范式，是生态文明建设的重要切入点和实施途径。

中国已开发的冰川旅游为冰川资源开发起到了示范作用。但总体来讲，目前冰川旅游规模小、经济辐射效应有限，提升空间巨大，因此需要对现有冰川旅游提质增效，对开发中的冰川旅游项目以产品多样化设计为主，开发冰川旅游应形成带动示范效应。因此，如何梳理和提升现有冰川旅游，以提质增效为主要切入点，是未来中国冰川旅游应用示范的关键问题。

第二章 | 山地冰川与冰川旅游研究进展

冰川作为冰冻圈的重要组成部分，深受气候波动影响，常被作为气候变化的天然指示器。基于冰川监测与模型模拟开展冰川变化过程和机理研究，是目前冰川学研究的热点和前沿领域，也是解决冰川变化引发冰雪旅游可持续发展问题的基础。其中，冰川旅游指以冰川资源（现代冰川、冰川遗迹资源）作为吸引物和载体，开展冰川观光、探险、科考、科普教育与康体健身等活动的一种旅游类型。冰川旅游伴随着冰川探险、冰川研究的逐步深入而不断发展。冰川研究为冰川旅游的发展提供了基础资料，冰川旅游的发展则促进了冰川研究的进程。

第一节 冰川变化研究进展

一、国外冰川研究进展

阿尔卑斯山被誉为世界冰川学的发源地，是人类较早开发和利用的高山区。但近代科学意义上的冰川学源于 18～19 世纪的欧洲，早期认识只是对冰川如何能运动做出解释。例如，冰川学研究初期，1751 年阿特曼（Altmann）提出关于冰川的重力说，相继又有包第埃（Bordier）和福勃斯（Forbes）提出的黏性流说。但是，真正意义上对冰川学相对准确的认识始于 20 世纪上半叶人们对冰是晶体的理解，认识到冰像金属晶体那样，达到融点后可以变形（中国科学院兰州冰川冻土研究所，1988）。被称为"冰川之父"的阿伽西（Aggasiz，1807～1873 年），在 1840 年建立了世界上第一个冰川观测站，对阿尔卑斯山地区的冰川流速及末端位置进行了详细的测量，并且创立了著名的第四纪冰川学说。尽管冰川定位监测工作对于揭示冰川与气候作用机理研究至关重要，但由于冰川多分布于高寒无人区，条件艰苦，自然环境恶劣，需要大量的人力和财力支撑，监测工作往往很难长期坚持，全球范围内能够定位监测的冰川并不多。为了促进全球范围内气候与冰川的作用机制研究，1986 年成立的世界冰川监测服务处（World Glacier Monitoring Service，WGMS）专门负责收集和制订冰川监测的统一标准，发布全球定点监测冰川的观测数据。

冰川初期研究主要集中于对冰川表面的认识，如对山地冰川的考察、冰川大小、末端位置的测量以及对冰川流动做出解释等（Nye，1952；Glen，1958；Kamb，1959；Weertman，1964）。随着对冰川理解的不断深入和观测技术的提高，开始对冰川的宏观变化和驱动因素进行深入分析，包括冰川面积变化、末端进退、平衡线高度（equilibrium-line altitude，ELA）以及冰川物质平衡的亏损，并试图建立它们与气候之间的关系，基于统计学进一步解释冰川与气候之间的作用机理。例如，Sissons（1974）对苏格兰格兰皮恩山脉的冰帽进行了调查，结果表明该地区分布的冰川面积达到近 $300km^2$，冰储量为 $32km^3$，冰川平均厚度为110m。Mayewski 和 Jeschke（1979）对喜马拉雅山地区 19 世纪初期以来的 112 条冰川末端位置变化进行了分析。Oerlemans（1994）则利用全球范围内 48 条观测冰川对全球冰川变化进行了评估，结果表明所有冰川都处于退缩状态，并且各冰川末端退缩的速率为 1.3～86m/a。此外，Oerlemans（2005）还利用全球 169 条冰川数据建立了冰川退缩与气温之间的关系，揭示了 19 世纪后半叶以来冰川对气温变暖的响应机理。此外，Reynaud 等（1984）选取阿尔卑斯山 4 条冰川的物质平衡数据进行了分析，结果表明不同空间位置的冰川物质平衡波动存在差异。而随着时间变化，物质平衡差异造成的波动占到80%，地形因素或空间位置差异造成的波动占到10%。也有人通过各种方法建立冰川物质平衡的平衡线高度与局地气候之间的关系，以解释冰川与气候之间的关系（Carrivick and Brewer，2004）。

Zemp 等（2013）基于 WGMS 发布的冰川监测数据，重新分析了 60 多年以来冰川物质平衡的变化，对比了冰川学观测和大地测量之间计算的物质平衡差异，并认为二者之间的差异大部分由基础资料的精度所致。此外，Zemp 等（2013）还建议，在冰川物质平衡长期监测过程中，为了能更好地评估冰川物质平衡的空间模式，应每隔 10 年加强冰川监测网络。随着 3S① 技术的发展，为了解决空间上大尺度范围内的冰川研究，基于航空摄影和卫星测量技术先后制订了一些冰川计划，建立了一

① 3S 指遥感（remote sensing，RS）、地理信息系统（geographic information system，GIS）、全球定位系统（global positioning system，GPS）。

些重要的冰川数据库，如 Randolph Glacier Inventory（RGI）（Pfeffer et al.，2014；Arendt et al.，2014）、World Glacier Inventory（WGI）（RGI，2017）、Global Land Ice Measurement from Space（GLIMS）（Bishop et al.，2004）、International Centre for Integrated Mountain Development（ICIMOD）（Bajracharya and Shrestha，2011）、Glacier Area Mapping for Discharge in Asian Mountains（GAMDAM）（Nuimura et al.，2015）。此外，美国国家航空航天局（National Aeronautics and Space Administration，NASA）基于卫星监测影像对全球海平面和冰川物质亏损对海平面的影响进行的研究结果表明，1993~2010 年全球海平面上升速度为 3.18mm/a，而冰川物质亏损对海平面上升速率的贡献是 20%，即冰川物质亏损使海平面每年上升 0.6mm（Cazenave and Remy，2011；Church et al.，2013）。

高亚洲位于全球中纬度地区，由于其独特的地形、空间位置及特殊的大气环流，该地区蕴藏着大量冰川资源，具有极大的科研价值，成为冰川学研究的热点地区。冰川学的研究方法也表现出多样化，从最基础的、最可靠的地面观测到先进的卫星测量技术（数据来源主要包括光学遥感影像、ICESat 卫星、SRTM 数据、GRACE 重力卫星以及干涉雷达卫星等）（Matsuo and Heki，2010；Gardelle et al.，2012；Jacob et al.，2012；Yao et al.，2012；Gardner et al.，2013）。而高亚洲地区冰川与气候的作用关系一直都是冰川学研究的关键科学问题。例如，Yao 等（2007，2012）认为高亚洲冰川消融的峰值并不都出现在同一时间，而是出现在不同的季节，伴随着不同的消融模式，并且青藏高原地区的冰川对气候变化表现出不同的响应模式。对青藏高原地区冰川研究的梳理表明，涉及的多源遥感数据主要有 SRTM、ASTER、Landsat MSS/TM/ETM+、MODIS、SPOT、KH-9、QuickBird、ICESat、ALOS、GRACE 以及各种航空测量和 SAR 数据等，有些是高空间分辨率的，有些是高时间分辨率的，都为宏观尺度上评估冰川变化提供了准确的信息。例如，Neckel 等（2014）基于 ICESat 卫星数据评估表明，2003~2009 年，青藏高原地区的冰川每年的冰川消融相当于海平面上升 0.04±0.02mm。随着基于冰川过程的模型的不断完善，对冰川变化机理的理解也在不断加深，如有研究人员基于物质平衡和冰川区气象资料，先后建立了温度指数模型（Hock and Noetzli，1997；Hock，2003）和能量平衡模型（Hock and Holmgren，2005），用来解释冰川与气候之间的关系。Gabbi 等（2014）在 Rhonegletscher 冰川评估了目前使用较广泛的 5 种物质平衡模型：简单的度日模型、Hock 温度指数模型、增强型温度指数模型、简化的能量平衡模型以及全分量的能量平衡模型。结果表明，各模型均能很好地模拟冰川物质平衡，但随着模拟时间的延长，模型间的差异性和不稳定性会越来越大。此外，Farinotti 等（2015）在地面观测资料的基础上，结合遥感数据和数值模拟对中亚天山过去50年的冰川物质平衡进行了研究。Brun 等（2017）通过 2000~2016 年的 ASTER 影像对比，计算得出高亚洲冰川物质每年亏损-0.18±0.04m w.e.。Kraaijenbrink 等（2017）基于冰川与气候作用模型，对 21 世纪末全球升温 1.5℃情景下高亚洲冰川的消融进行了模拟和预估。

综上所述，国外学者早期研究主要基于地面监测，研究内容主要是对冰川考察、测量以及流动的监测和计算。随着监测技术的发展和对冰川理解的深入，研究内容不断扩展至冰川运动、消融过程监测与模拟，以及基于多源数据的流域尺度或者全球尺度的冰川研究，结合不同数据源、冰川消融监测结果和过程模拟，揭示冰川与气候之间的作用机理，为水资源管理决策提供参考。但是，众多国外学者的研究资料基本集中在境外天山山区、喜马拉雅山、喀喇昆仑山地区，而对中国横断山区、念青唐古拉山区冰川的研究相对较少，尤其是地面资料更是少之又少。即使有也是在横断山区附近或者某一流域的一条或几条冰川，数据源也大都是基于遥感影像的评估，对横断山区冰川与气候作用机理认识仍然有限，且缺乏地面观测资料的验证。

二、国内冰川研究进展

国内对冰川最早的较为系统的认识见于黄汲清教授于 1941 年发表在《文史杂志》上的《中国的冰川》一文，被认为开启了中国学者对冰川学的系统性研究。其实，中国学者袁复礼、李承三和徐瑞麟在此之前就已经开始了对冰川的考察。袁复礼于 1927 年参加了中国和瑞士在西北的联合冰川考察，对博格达山的冰川和周边地形进行了长时间的测量，只是未见其成果发表；李承三和徐瑞麟于 1930 年随瑞士学者在贡嘎山考察时，对周边冰川和冰川地质也开展过研究。只是当时主要是基于野外考察和描述性工作，并未公开发表研究结果。天山乌鲁木齐河源 1 号冰川（简称乌源 1 号冰川）作为中国山地冰川的代表，其观测始于 1958 年，观测要素多、时间序列长，在中国冰川学研究中做出了巨大的贡献（施雅风和谢自楚，1964；谢自楚，1980；杨针娘，1981；张金华，1981；赖祖铭等，1990；李忠勤和叶佰生，1998；焦克勤等，2004；杨惠安等，2005）。冰川长期的监测结果表明，乌源1号冰川作为中国山地冰川的典型代表，自1959年以来处于物质亏损状态，且在近些年有加速消融的趋势（张金华，1981；刘潮海等，1997；韩添丁等，2005；张国飞等，2012；董志文等，2013）。

　　阿加西第一个冰川观测站的建立和冰川观测的定量化，为冰川学的快速发展奠定了基础。随着科学技术的不断发展和观测设备的不断改进，冰川研究从单纯的观测描述发展至采用仪器测量和自动观测，直至现今的卫星遥感、无人机航测以及冰川模型等，这无不显示着冰川学的快速发展。中国境内，由于天山冰川观测试验站建站较早，从事天山冰川研究的科研实力较强，所以前期中国冰川研究以天山区域为主（王文彬，2009）。由于特殊原因，在20世纪70年代前后，中国科学院天山冰川观测试验站的监测工作被迫中断。为了弥补该时段的冰川物质平衡数据，张金华（1981）在已有观测数据的基础上，利用乌源1号冰川末端附近天山大西沟气象站的气象数据与冰川消融建立统计关系，对缺失的冰川物质平衡数据进行了恢复，使冰川数据在时间序列上得以完整。同时，胡汝骥等（1999）利用乌源1号冰川和图尤克苏冰川站长期监测的物质平衡数据对中亚现代冰川变化进行了评估，结果表明1970~1990年冰川消融的速率比1930~1970年明显要快，并且认为这与被工业排放物污染了的大气有关。Zhang M等（2011）基于中国第一次冰川编目和文献的统计研究，发现1960~2010年中国天山地区的冰川面积年均退缩率为0.31%。王宁练等（1998）用统计模型对乌源1号冰川的敏感性进行了计算，结果表明冰川的长度规模对降水量变化并不敏感，而对夏季气温的变化却极为敏感。刘时银等（1998）用度日模型分析乌源1号冰川对气候变化的敏感性，研究表明该冰川对气候变化的敏感性较海洋型冰川要小，当降水量增加20%时平衡线会下降31m，而当气温升高1℃时平衡线会上升81m。

　　由于观测条件和监测数据的限制，绝大部分地面研究是基于有限的观测资料结合气象数据并借助统计学手段开展的（张文敬和谢自楚，1983；曹梅盛，1997；井哲帆等，2002；沈永平等，2003；李忠勤等，2007；王淑红等，2008；焦克勤等，2009；沈永平等，2009；Wang et al.，2011；Yao et al.，2012；丁光熙等，2014；鲁红莉等，2014；朱弯弯等，2014；张慧等，2015），研究对象的空间尺度可分为三类，即点、流域以及更大地理单元（面）。例如，张勇等（2006）利用科契卡尔巴西冰川考察期间的监测数据和同期气象数据对2003~2005年冰川物质平衡进行了计算和模拟，结果表明 2003/04 年和 2004/05 年的物质平衡分别为 -494mm w. e. 和 -384mm w. e.。沈永平等（2003）在台兰河流域用统计力学和最大熵原理对流域内冰川物质平衡进行了恢复，计算结果表明 1957~2000 年流域内冰川的累积物质平衡为 -12.6m w. e.，平均每年的物质平衡为 -286mm w. e.。此外，康兴成和丁良福（1981）对青藏高原东北边缘的天山东段和祁连山一带冰川物质平衡消融、积累与天气系统进行了深入研究，发现冰川的积累和消融与四种天气系统有关。其中，有利于冰川积累的有两种：一种是东高西低型，即中国东部受热带气压控制，西部及巴尔喀什湖附近受低压控制，它们相互作用的锋区在 100°E 附近，天山东段和祁连山一带受此锋区影响，多阴天且降水充沛，有利于冰川的补给；另一种是两脊一槽型，即在中国东部出现一高压脊，在里海附近出现另一高压脊，90°E 附近为一槽，使天山东段、祁连山一带处于槽区，气温低且降水丰富，有利于冰川的积累。同样，有利于冰川消融的天气系统也有两种：一种是强高压脊型，即在 90°E 附近较长时间内出现一个强大的高压脊，使西北地区均处在高压脊的控制下，天气晴朗、气温高、降水少，有利于冰川的消融；另一种是副热带高压型，即在 30°N~40°N。此时，太平洋副热带高压在中国东部，青藏高压中心在和田附近，使天山东段和祁连山一带处在青藏高压控制下，天气晴朗、降水稀少，有利于冰川的消融。此外，Wang 等（2014）对高亚洲地区冰川物质平衡变化与 0℃ 温度层进行研究发现，二者之间具有很好的相关性。

由于青藏高原独特的地形条件和复杂的环流特征，该地区的冰川类型多样化，空间分布自东南地区的海洋型冰川或温冰川向西北地区的大陆型冰川或极地冰川过渡（Shih et al.，1980；Huang，1990）。同时，青藏高原冰川在全球气候变暖的背景下表现出不同的响应模式（Yao et al.，2012；Neckel et al.，2014；Kraaijenbrink et al.，2017；Zhu et al.，2017；Che et al.，2017；Zhou et al.，2018）。例如，喀喇昆仑山和西昆仑山地区的冰川物质平衡略有增加，并有前进现象，而青藏高原其余地区冰川基本处于退缩状态（Hewitt，2005；Gardelle et al.，2012；Wiltshire，2014；Bhambri et al.，2017；Che et al.，2017）。祁连山冰川面积在 1956~2010 年减少了 20.88%（Sun et al.，2018），且在 1956~2008 年冰川末端年平均退缩 5.7m（Che et al.，2017）。念青唐古拉山冰川退缩更快，年平均物质平衡为 -0.72±0.27m w. e.（Brun et al.，2017）。位于藏东南的帕隆藏布冰川，20 世纪 70 年代至 2010 年，冰川面积减小了 23%，年平均物质平衡为 -0.19±0.14m w. e.（Zhou et al.，2018）。然而，横断山脉地区冰川退缩更为强烈，1930～2005 年冰川末端年平均退缩 16.7m（Che et al.，2017）。此外，康尔泗（1996）从能量平衡的角度分析了高亚洲监测冰川的物质平衡与能量之间的关系，结果表明夏季气温升高1℃的情形下将引起冰川平衡线上升 100～160m；同时，若要在夏季气温升高1℃的情形下保持冰川平衡线高度不变，需要在年降水量的基础上增加 40% 以上的固态降水。苏珍等（2014）对中国末次冰期的冰川平衡线进行了重建，且与现代冰川平衡线进行了对比分析，结果表明位于青藏高原内部及其西北地区的冰川末次冰期冰川平衡线下降范围在 500m 以内（小的仅为 200～300m），而东南边缘山区冰川平衡线下降了 800m 左右（最大可达 1000～1200m）。由此可知，青藏高原东部、东南区域的海洋型冰川，其退缩速率和物质亏损程度明显大于其他地区。

对于海洋型冰川，目前研究在空间分布上主要集中于喜马拉雅山岗日嘎布地区、横断山地区、念青唐古拉山地区。2000 年 Landsat ETM+ 解译的念青唐古拉山脉西段冰川分布数据显示，1970 年念青唐古拉山峰区共有 870 条冰川，至 2000 年冰川面积减少 5.7%，冰储量减少 7%。其中，冰川面积 1～5km^2 的冰川退缩贡献率最大，占总面积退缩量的 56.7%。念青唐古拉山东南坡与西北坡的退缩幅度不等，东南坡冰川面积减少 5.2%，西北坡冰川面积减少 6.9%，西北坡的拉弄冰川长度减少 305±36m，退缩率为 10.2±1.2m/a，面积退缩 2.6%（上官冬辉等，2008）。已有研究表明：藏东南岗日嘎布冰川面积由 1976 年的 664.22km^2 减少至 2013 年的 386.65km^2；梅里雪山冰川面积则由 1974 年的 172.30km^2 减少至 2013 年的 141.42km^2；贡嘎山冰川面积则由 1974 年的 254.91km^2 减少至 2010 年的 224.45km^2（李霞，2015）。1982～2013 年，玉龙雪山冰川面积减少了近 7.49km^2，其退缩率基本与未开发冰川旅游的岗日嘎布冰川退缩率一致，且远低于达古雪山冰川退缩率，而略高于贡嘎山冰川（大冰川地区）退缩率。当然，玉龙雪山冰川退缩率与同类型冰川区阿尔卑斯山冰川（该区域也是全球冰川旅游开发最为成熟的区域）退缩率基本一致（Huss et al.，2008）。

综上所述，由于冰川野外监测需要大量人力、物力和财力，很难实现大范围冰川的定位监测。目前，中国天山地区长序列监测冰川只有乌源 1 号冰川，观测体系相对完善、成果较多，且每年的冰川变化观测资料上交 WGMS，得到了广泛应用。祁连山七一冰川、老虎沟 12 号冰川也具有相对较长的观测记录，而其他研究性冰川都是基于短期的野外考察，时间主要集中在夏季一两个月内，观测序列较短且大部分不连

续；或是在 2000 年之后，因项目工作需要而开展的数年连续观测。这种短期考察对
了解冰川夏季某时段内的冰川消融特征或模型验证有一定帮助，但对揭示冰川对气候
变化的响应过程是非常有限的。此外，借助冰川地形图、遥感等技术手段，更多是对
冰川面积、冰川长度以及冰川储量变化的研究，且大部分缺乏地面验证。虽然这些研
究对评估冰川与气候作用机理有一定帮助，但也存在很大的局限性。例如，在气候变
暖的背景下，冰川消融先是以末端退缩或面积缩小为主，并且变化显著，但当末端退
缩或面积缩小到一定程度，也就是说冰川退缩到一定高度时，冰川消融转为厚度减薄
型，而面积改变不再显著，此时再用面积和长度变化的方法评估气候变化时得出的结
论误差较大。因此，在天山地区冰川与气候作用机理研究相对较强，而作为海洋型冰
川广泛分布的藏东南地区，冰川消融和积累过程更加强烈，但其观测网络仍然十分薄
弱，如图 2-1 所示。藏东、藏东南地区，又是离人类活动最密集的海洋型冰川分布区，
在该地区建立完善的冰川监测网络，对完善冰冻圈观测网络、冰冻圈服务功能区划与
气候变化以及揭示冰川-旅游-社会经济体系的研究具有非常重要的作用。

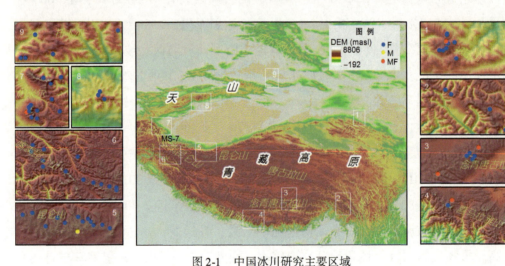

图 2-1　中国冰川研究主要区域

M 表示有物质平衡观测记录的冰川；F 表示有末端变化观测记录的冰川；MF 表示物质平衡和末端位置
均有记录的冰川；MS 代表气象站的位置

三、冰川变化研究述评

目前，冰川变化研究主要呈现出如下特征：①定量化。所有冰川变化研究均将

冰川变化的定量化作为第一目标，其变化指标有末端后退距离、末端海拔上升距离、冰川面积、冰川体积、冰川储量变化等。②精确化。这是定量化的必然要求，也是科学研究的核心内容，在冰川变化研究中也是如此，因很多时候冰川变化在短期内是很难用肉眼观测到的，故需要进行长期监测。③高技术化。近年来，冰川变化研究除借助实地观测和调查外，还更多地与 3S 技术、无人机航测、3D 摄影测量、3D 激光雷达等高技术相结合，并尽可能地将最新技术应用到冰川变化监测领域，以实现冰川变化观测研究的精确定量。④多元化。主要表现为观测技术和方法的综合，不同技术与多种方法协同运用于冰川变化观测研究、冰川变化与气候环境状况的综合研究、冰川变化与全球变化的区域响应研究以及冰川变化对社会经济发展的综合影响评估等领域。⑤流域化。冰川变化研究不再以单一冰川为研究对象，而是以整个流域内的冰川为研究对象，不仅探究其变化趋势，还分析其变化带来的水资源效应、生态环境效应等。⑥模型化。冰川变化不仅与冰川的动力过程有关，而且与辐射息息相关。当前，主要通过冰川动力模式和冰川能量物质平衡模型进行冰川模拟，以预测冰川未来变化趋势及其对气候、经济社会系统的潜在影响。

随着 20 世纪 50 年代中国西部高山登山科学考察和冰川资源的大规模考察，冰川学研究得到长足发展（中国科学院兰州冰川冻土研究所，1988；施雅风，2000，2005）。与世界冰川研究趋势一致，中国冰川变化监测也经历了以下三个阶段：①野外考察。主要依靠登山活动和综合考察来研究山地冰川的形态，特别是冰舌（glacier tongue）部位，以分类描述为主。冰川考察的内容为冰川分布、冰川资源调查、雪线与粒雪线、冰舌表面及冰下地形、冰裂隙、冰川沉积地形与侵蚀地形等。②定位、半定位观测。冰川研究从单纯的观察描述，发展到采用仪器测量和定量观测，如冰川运动、气象及水文观测等。截至 2003 年，全球具有冰川物质平衡的观测站共 108 个。中国曾于 1958 年在祁连山西段大雪山老虎沟建立了中国第一座高山冰川观测站（1963 年撤站），2008 年得以恢复。1959 年，在施雅风的倡议下，建立了中国科学院天山冰川观测试验站。2006 年，建立了中国第二座冰川观测研究站——玉龙雪山冰川与环境观测研究站。此外，在格尔木、纳木错、贡嘎山、小冬克玛底、煤矿冰川、科契卡尔巴西冰川等多个定位、半定位观测点均有连续的冰川观测工作。③航天、航空监测。航空摄影测量应用到冰川研究是一个技术进步，这一举措极大地丰富了冰面信息的反演。航空相片是《世界冰川编目》（World Glacier Inventory）的基础数据源。但航空摄影测量短周期重复应用难以实施，其重复性完全取决于对测量目标的开发价值。因此，在冰川的重复监测方面航空摄影测量应用受到限制。20 世纪 60 年代以来，卫星遥感技术的发展给冰川监测手段的改进带来了生机（宋波，2008；王文彬，2009；Che et al.，2017）。

第二节　气候变化对冰川旅游的影响

气候变化对冰川旅游影响显著，分正面影响和负面影响两方面，本书主要集中分析负面影响。气候变化将对高度依赖冰川资源的气候敏感性旅游业造成巨大影响。冰川资源的快速消退乃至消失，对冰川旅游和滑雪业构成直接威胁。冰川旅游受气象条件和气候条件双重影响，最终导致旅游目的地游客数量、旅游收入减少，当地就业率下降。一般而言，区域气候对冰川旅游的影响主要体现为冰川区短期气象条件和长期气候条件的双重效应（图 2-2）。

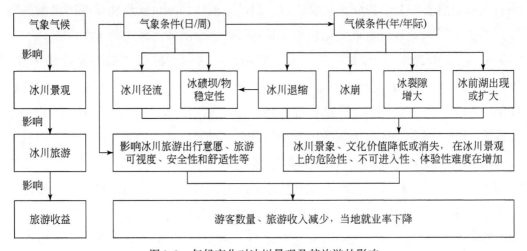

图 2-2　气候变化对冰川景观及其旅游的影响

气象条件，如大雾、大雨、强日照和大风等极端天气，主要影响冰川旅游出行意愿、旅游可视度、安全性和舒适性等，同时，通过影响冰川径流、冰碛坝/物稳定性进一步影响冰川景象、冰川进入性、冰川活动安全性等。气候条件则主要影响冰川物质亏损，持续的增温将使冰川景观质量或吸引力下降，尤其是一些冰川景观会因此消失，波及冰雪文化产业的生存。此外，气候变暖还导致冰川区冻土变化、冰/雪/岩崩及冰前湖出现或扩大，进而增加游客进入冰川、体验冰川（冰面、冰洞、冰塔林等）的难度，甚至因一些冰川的快速消融而带来直接或间接潜在危害会对游客安全造成一定的威胁。

一、对冰川自然景观的影响

冰川不仅是自然景观，而且是文化景观。气候变化对冰川最直接的影响是消融、退缩乃至部分冰雪景观消失。景观是开展冰川旅游活动的基础，而冰川旅游景观对气候变化非常敏感。气候变暖会造成冰川景观区变化，改变冰川旅游目的地的核心景观特色。短期内，冰川消融会形成一些小的地貌形态，如冰桌、冰蘑菇、冰蚀湖、冰面河、冰洞（王世金等，2012b），构成新的景观系统。尽管它们的生命周期很短，但这些微型景观形态在局部尺度上增加了冰川区地貌形态的多样性（Diolaiuti and Smiraglia，2010），成为冰川区吸引力元素的代表，部分弥补了冰川退缩带来的损失（Garavaglia，2012）。冰川退缩形成的新地貌在冰缘地带较为常见，最典型的是冰碛湖，已成为许多冰川旅游目的地的特色景观（Purdie，2013）。此外，一些积雪覆盖的高山变成裸露的岩石，特别是在大峡谷地区，许多冰川谷的较低部分已经不再被积雪覆盖，新植被开始逐渐在新的裸露的岩石和山坡上进行繁殖，重塑冰川区生物景观（Cannone et al.，2008）。但长期来看，冰川退缩最终会减少景观的多样性，持续的消融会导致冰川及其次生微地貌完全消失，最终导致冰川旅游目的地景观的消失（王世金等，2008）。

1991~2006 年，世界最高滑雪胜地——玻利维亚查卡塔亚（Chacaltaya）冰川面积减少了80%，2009 年该冰川已完全消失（图 2-3），现已失去夏季冰川滑雪旅游功能（Scott et al.，2007；Sanjay，2011）。2007 年以后，帕斯托鲁里（Pastoruri）冰川成为秘鲁最大的旅游目的地，在过去 30~35 年，其已消失了22% 的冰川面积和15.5% 的冰量。1990~2005 年，阿尔卑斯山的弗尼（Forni）冰川消退了 535m，年均消退超过 30m。截至 2012 年，弗尼冰川面积比 2007 年减少了 0.51km²（Azzoni et al.，2017）。1955~2010 年，阿尔卑斯山的阿莱奇（Aletsch）冰川约消退了 1.40km，到 2050 年，阿莱奇冰川极有可能消融至有史以来最小规模（Diolaiuti and Smiraglia，2010）。1882~2010 年，瑞士阿尔卑斯山另一著名旅游景点——龙冰川（Rhone）（图 2-3 右图）消退了 1.26km，年消退速率几乎达到 10m（Omoto and Ohmura，2015）。

图 2-3　冰川景观变化及其消失
左侧图为查卡塔亚冰川滑雪场；右侧图为龙冰川

二、对冰川文化价值的影响

　　山地冰川大部分位于南北极之间的高海拔地区，在这里生活的人们具有独特的文化结构、生活方式、精神信仰和特殊情怀，因此，山地冰川在山区居民心中占有重要地位（Wang and Jiao，2012a，2012b；Wang and Cao，2015）。然而，人们在关注冰川消退所产生的水资源经济价值的时候，往往忽视了冰川消退对当地居民情感、信仰和精神寄托以及文化功能等方面的影响。山地冰川具有明显的宗教信仰色彩，其中，"朝圣"最具代表性。冰川的快速消退乃至消失直接威胁着当地居民的生计和生存，并对冰川文化价值形成潜在威胁（Jurt et al.，2015）。事实上，很难预估气候变化引起冰川消退或消亡对当地居民人文情怀造成的损失。例如，梅里雪山是青藏高原东南缘的一座"神山"，主峰卡瓦格博峰（海拔6740m）是藏传佛教的朝拜圣地，拥有浓厚而丰富的宗教文化和冰雪资源。在宗教中，梅里雪山崇高而神圣的地位吸引了无数中外旅游者和登山者。但因气候变暖，梅里雪山最大冰川——明永冰川以每年 50m 左右的速率在消退（郭净，2007），对于以冰川为信仰寄托的信徒而言，梅里雪山冰川文化宗教信仰将受到严重冲击。又如，在意大利北部阿尔托阿迪格（Artaud Adyge）地区，当地居民认为冰川是"有知觉"的，并认为因游客数量过多而导致冰川退缩，应禁止游客接近冰川，以避免冰川进一步退缩（Jurt，2007）。在秘鲁安第斯山科尔克蓬科山（Qullqipunqu），每年临近夏季，数千名朝圣者便聚集在科尔克蓬科山冰川附近欢庆"雪星节"（Snow Star Festival）[联合国教育、科学及文化组织（United Nations Educational Scientific and Cultural Organization，UNESCO）非物质文化遗产]，朝拜他们的神圣冰川。因此，冰川文化节日的举办，每年吸引大量游客前往。然而，因为气候变暖，科尔克蓬科山冰川消融十分显著，现在朝圣已禁止使用蜡烛（图 2-4）。冰川持续消退乃至消亡将持续不断，原住民信徒拥有的冰川文化信仰将随之降低乃至变得没有依存，这将严重影响宗教信仰乃至冰川文化价值，同时也意味着冰川的影视、文学等艺术形式源泉正在逐步降低或丧失（图 2-4）。

图 2-4　冰川文化朝圣

秘鲁科尔克蓬科山冰川

三、对冰川旅游需求的影响

欣赏冰川景观是游客访问冰川旅游地的首要动机（Corbett，2001；Garavaglia et al.，2012；Wilson et al.，2012），如果游客不能欣赏到他们想象的冰川景观，旅游需求将大大减少，且体验感也将大大降低（Stewart et al.，2016）。冰川是纯洁和完整的自然环境象征，而持续的退缩使这种象征变得越来越脆弱（Frey et al.，2010；Garavaglia et al.，2012），不仅降低了冰川的审美价值（Purdie，2013），而且影响了冰川的体验质量（王世金等，2012a），最关键的是将导致冰川旅游目的地吸引力的下降（Garavaglia et al.，2012）。调查显示，如果沃特顿冰川国际和平公园景观因气候变化而发生显著改变，19%的游客不愿意再到访该公园，36%的游客将减少对该公园的访问次数（Liu，2016）。如何科学地衡量景观变化对冰川旅游需求的影响是研究的核心问题之一，为解决该问题，最为典型的研究方法是假定一系列受气候变化影响的自然景观情景，以问卷/访谈的方式来明确游客未来的景观偏好。研究结果显示，如果冰川持续退缩，游客对冰川旅游目的地的访问需求将会减少（Yuan et al.，2006；Scott and Lemieux，2010）。

然而，气候变化对旅游需求并不完全是负面作用。一些研究者认为，气候变化是旅游需求增长的催化剂（Aall et al.，2005）。首先，气候变暖将提高旅游舒适度，为更多的徒步旅行者提供进入高海拔地区的机会，从而吸引这部分游客进入冰川区（Garavaglia et al.，2012）。其次，冰川的退缩和消失会刺激游客的出行欲望，让游客产生在冰川消逝之前见证其原始景观的冲动（Stewart et al.，2016），由此可能会增加"最后一游"的游客数量（Purdie，2013）。气候变化导致的自然环境变化究竟在多大程度上影响旅游需求，有学者认为这取决于旅游目的地的地质地貌以及游客适应环境的能力和对环境、气候变化的感知等因素（Welling et al.，2015）。最后，气候变化会降低低海拔地区积雪的可靠性，促使游客进入冰川区进行滑雪活动。Koenig和Abegg（1997）评估了20世纪80年代末连续三次缺雪对瑞士冬季旅游业的影响，结果表明，低海拔地区的滑雪场因缺少积雪遭受严重影响，而高海拔地区（尤其是冰川滑雪胜地）旅游业却因此受益，冰川滑雪场游客出现较大增长。

四、对冰川旅游活动和行为的影响

冰川旅游活动包括冰川徒步、冰川滑雪、穿越冰川、攀冰、雪地机动车、冰湖皮划艇等。冰川退缩会增加冰川碎片覆盖，改变进入冰川的路径，增加冰川末端的陡峭程度，降低冰川或内部区域的可达性（Furunes and Mykletun，2012；Purdie et al.，2015），改变旅游活动类型以及游客行为方式。

冰川徒步是最传统也是最普遍的冰川旅游形式。为了降低事故风险，大多数的徒步活动都要求在导游引导下进行，游客需要依靠导游经验来发现到达和穿越冰川景观的最佳途径（Purdie，2013）。然而，持续的冰川退缩使徒步旅游活动愈发困难和危险。对此，旅游运营商不得不做出相应的改变，如减少冰川旅游活动的频率和持续时间、转移到冰川的其他区域参观、用其他的冒险或自然活动来替代等（Furunes and Mykletun，2012）。例如，1956 年，新西兰奥拉基·库克山国家公园塔斯曼冰川的管理者停止了传统的冰川徒步活动，转而发展冰湖的乘船探险之旅（图 2-5）。对于冰川滑雪度假村来说，冰川退缩会严重影响其基础设施的相对高度，增加滑雪旅游活动的困难（Fischer et al.，2011）。

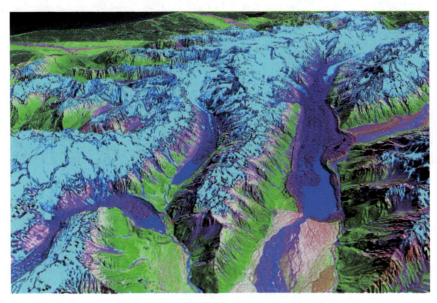

图 2-5　2000 年塔斯曼冰川与冰前湖影像

冰川的持续退缩还会导致其入口被堵，降低可进入性。Ritter 等（2012）总结了 20 种影响冰川高山可进入性的变化因素，并将其归纳为四类：无冰区变化、冰前区变化、冰川表面变化和山顶区域变化。随着冰川规模不断减小变薄，许多过去用于徒步行走的入口已难以通行，这一现象直接催生了直升机旅游产业，并逐步替代徒步旅游产业。空中通道（包括直升机、栈道、木桥等）能让徒步者前往不太陡峭和破碎的冰川地区，尽管如此，直升机旅游产业并不能完全替代徒步旅游产业，缺乏步行通道会对冰川区游客数量产生明显的负面作用。一方面是因为相比昂贵的直升机飞行，人们更偏向于选择经济的徒步旅游，另一方面是因为旅游交通方式高度依赖天气条件（Purdie et al.，2015）。例如，在瑞士阿尔卑斯山的龙冰川，以往冰洞体验是其冰川旅游的主要项目之一，但冰川的快速后退，导致旧隧道被遗弃，现仅能通过人工修筑的木桥进入冰洞进行体验，使进入冰川的难度增大（图 2-6）。

图 2-6　冰川退缩使进入性和体验难度加大

图为龙冰川

五、对冰川旅游者安全的影响

气候变化对冰川区的直接影响包括冰川退缩、雪崩频发、冻土消融（Haeberli et al.，2001），由此带来的相关风险和威胁是大多数研究的核心内容。这些风险和威胁不仅增加了游客进入冰川和体验冰川的难度，而且对游客人身安全构成了潜在危害（Espiner，2001；Jurt et al.，2015）。Ritter 等（2012）分析了冰川退缩和冻土消融对山地冰川旅游带来的影响，包括自然灾害的强度、频率和空间分布的变化。冰川退缩和冻土退化消融会增加碎片坡度及岩壁不稳定性，存在岩石坠落、山体滑坡、泥石流等风险，对前往冰川或冰缘地带的游客安全造成潜在威胁（Blair，1994；Ritter et al.，2012）。此外，冰川退缩会暴露冰碛物和疏松物质（Evans and Clague，1994），若这些物质依附于陡峭的岩壁，有外界触发条件时，易形成山体滑坡和泥石流灾害（Huggel et al.，2004）。连续的质量亏损将引发冰川表面逐渐下沉，进而暴露不稳定的岩石，使连续岩崩和落石的可能性增加（Ritter et al.，2012）。同时，高海拔地区冰川退缩和冻土退化消融与落石频率之间的关系研究表明，冰川退缩和冻土退化消融会直接导致落石灾害的增加（Bürki et al.，2005；Alean et al.，2010）。在新西兰冰川旅游地区，旅游者往往面临频发的雪崩、冰崩、极端天气条件、洪水等灾害（Purdie et al.，2015）。在新西兰南岛的弗朗茨·约瑟夫冰川，冰川快速退缩导致冰碛物增加，冰裂隙增多增大，冰川末端冰崩和落石危害增加，游客经常能看到警告游客冰崩和落石频发危险的标识牌。

第三节　冰川旅游研究进展

冰川作为特殊的旅游资源，是高寒地区特有的自然景观，形态各异的地貌、晶莹剔透的外形、独特的生态环境以及较低的可达性使其具有很高的观赏性、科研科普价值和神秘感，成为大众向往的旅游目的地。冰川旅游伴随着近代冰川学和近代旅游的发展，其起源于19世纪早期的朝圣、登山、探险和科考活动，发展于20世纪的大众旅游，流行于21世纪初的体验旅游。虽然涉及冰川旅游的文献和资料较少，或仅限于山地旅游和世界遗产地，但是冰川旅游资源作为当前一个极好的商业热点，在世界各地的冰川区已经被成功开发和运营。随着全球居民消费能力和消费层次的提高，一些个性化、体验性、挑战性的冰川旅游项目成为热门旅游产品，包括航空冰川旅游、冰川徒步、冰川观光、冰川滑雪等，这些旅游项目直接推动着全球冰川旅游研究的快速发展，其研究主要集中在以下几方面。

一、冰川旅游内涵

对冰川旅游及资源进行概念界定的研究相对较少，在研究者给出的定义中，或者强调冰川本身，或者强调开展活动和游客体验，往往因视角不同而赋予不同的含义。综合冰川旅游研究内容发现，研究者在以下几方面达成了共识：①冰川旅游是自然旅游的一个子域；②冰川旅游以冰川区的地理环境要素作为主要吸引物，主要在冰川区开展旅游活动；③冰川旅游是一种带有冒险和挑战自我精神的旅游形式。但对于冰川旅游的范畴仍不明确，有学者在研究冰川旅游时，仅将游客在冰川上开展的活动归为冰川旅游（Furunes and Mykletun，2012），而有学者却认为冰川相邻地区开展的所有旅游活动都应纳入冰川旅游的研究范畴，如冰川前缘地带的冰碛湖、冰洞、冰瀑布都是吸引游客的重要景观（Purdie，2013）。实际上，在研究冰川旅游时，应从冰川旅游资源、冰川旅游活动、冰川旅游目的地几个概念范畴进行辨析。冰川旅游资源是指能够用于开发旅游活动的冰川自然体的统称，包括冰碛湖、冰洞、冰瀑布等资源单体，资源单体的集中区域形成了旅游资源开发区域。交通条件、可达性等属于冰川旅游资源的外在开发环境，与旅游资源不属于同一范畴。冰川旅游活动是指依托冰川旅游资源开发的相关旅游活动，如冰川观光、冰川滑雪、冰川徒步等。冰川旅游目的地应从旅游地系统的角度进行界定，包括旅游吸引物（组团）、服务社区、中转通道和区内通道等，是在一定的冰川自然体及其周边延伸区域空间内，由冰川旅游资源、旅游基础设施和服务设施、依附的服务社区以及交通通道等有机组成的为旅游者提供停留与活动的旅游区域（王世金和赵井东，2011；王世金，2015）。

二、冰川旅游开发模式

冰川旅游是一种具有巨大发展潜力的旅游形式（Aall et al.，2005）。自19世纪瑞士冰川旅游商业运营成功开展以来，世界上不同地域、不同类型的冰川受到研究者关注，冰川旅游的空间开发结构、冰川旅游资源的发展模式、冰川旅游产品的开发等成为研究的重点（刘丹萍和阎顺，2002；伍光和和沈永平，2007；王世金和赵井东，2011；宋巍等，2017）。例如，姜辽等（2008）评估了中国西部山地冰川的旅游价值，从点、线、面、体等空间结构上提出了冰川旅游的开发理念。王世金等（2012b）分析了中国冰川旅游资源的优劣势，提出了中国冰川旅游开发"十心、三带、五区"的空间结构。对于冰川旅游目的地的发展，有学者认为，冰川观光路径的开拓、游客中心的建立、导游的培训、解说系统的建立、科学信息的提供十分必要，而良好的装备和训练有素的导游是冰川徒步产品吸引游客的重要因素（Iwata and Watanable，2007；李泽萱，2015）。作为壮丽景观、地貌多样性以及全球气候变化环境响应的典型代表，许多冰川因其教育价值正逐渐成为教育旅行的目的地（Feuillet and Sourp，2001；姜辽等，2008；Bollati et al.，2013）。冰川旅游能够加强游客对冰川形成过程及地貌知识的理解，使游客意识到全球气候变化并感受到这种变化带来的后果，这种教育旅游产品的开发已经在世界许多著名的冰川旅游目的地开展（Welling et al.，2015）。

三、冰川旅游行为偏好

有关冰川旅游者行为方面的文献侧重分析旅游动机、偏好、体验、满意度等，研究表明，欣赏冰川、亲近自然、挑战和探索等是游客前往冰川旅游目的地的主要原因，但不同群体在旅游动机强弱、旅游活动选择、旅游组织形式以及满意度方面存在差异。Stewart 等（2016，2017）对参观新西兰西部泰普提尼国家公园和冰岛瓦特纳冰川国家公园的游客进行了问卷调查，数据显示，前者的旅游动机大小排名顺序为欣赏冰川（可能消失的景观）、亲近自然、体验探索的感觉；而后者的首要旅游动机却是亲近自然，其次才是欣赏冰川（可能消失的景观）。他们认为这一结果与冰川所处的地理环境有关。Wilson 等（2012）的研究显示，在冰川活动方面，国外游客更喜欢参与商业性的冰川徒步活动，如新西兰游客更喜欢冰川航空旅游活动，亚洲游客对冰川飞行活动更感兴趣，对徒步走上冰川的兴趣不如其他地区游客兴趣大。Corbett（2001）的研究显示，在冰川旅游组织形式方面，新西兰、澳大利亚、美国和德国的游客更喜欢自助游，而英国、丹麦、以色列、瑞典、韩国、日本的游客更喜欢聘请导游，这两类游客在冰川旅游目的地的选择、冰川景观和活动的评价等方面也存在显著差异。对于游客在冰川旅游目的地参与的活动，Wilson 等（2014）的研究显示，冰川山谷徒步是游客体验最多的项目，其次是冰川徒步，除了这些跟冰川直接相关的活动外，大多数游客还会体验冰川旅游目的地的其他项目，如观湖、温泉等。在冰川活动体验方面，Stewart 等（2016）的研究显示，50%、45%和35%的游客分别表示在冰川规模、纯洁度和壮观性上没有达到自身期望，但总体满意度较高。除自身期望外，冰川旅游活动产品的价格、拥挤状况、噪声大小等也是影响游客满意度的重要因素（Wilson et al.，2014）。

冰川不仅以景观之美而闻名，而且兼有科学、文化、美学、教育、休闲、旅游、生态等多重价值。Capps（2017）对美国的国家公园进行了研究，结果显示冰川对几乎一半的国家公园景观做出了实质性的贡献，并塑造了国家公园的形象和价值。一些研究试图通过定性研究的方法，探讨游客对冰川景观的评价（Frömming，2009；Beza，2010；Olafsdottir，2013）。例如，Jóhannesdóttir（2016）的研究发现，游客对冰川景观的评价是建立在感知和体验冰川的颜色、形状、纹理及声音等物理特性的基础上，冰川景观为游客营造了一种神秘和敬畏的氛围，Lund（2013）的研究也获得类似的结果，冰川景观显示了大自然的活力和生命力，游客对冰岛斯奈菲尔冰川国家公园景观的审美评价，涵盖了荒野的概念以及诸如壮丽、迷人之类的情感。

第四节　旅游目的地客源结构研究进展

旅游者是旅游活动的主体，在旅游业日益激烈的竞争中旅游管理者逐步认识到旅游主体——游客与客源市场研究的重要性。国外客源市场研究出现的早，开始于20世纪60年代中期，国内相关研究则始于80年代。经过几十年的发展，国内外客源市场的研究取得了很大进展。其研究内容从人口学特征单一领域逐步向客源市场结构分析、客源市场细分、客流量预测等领域扩展。其研究深度逐渐增加，从简单的描述性分析向模型及多学科模型交叉分析延伸，研究精度日益提高。其研究方法趋于多元化和精确化，逐步结合多学科研究模型方法，引入了旅游学、地理学、物理学等学科定量分析模型。目前，国外客源市场研究发展较为成熟，构建了相对完善的理论体系，且侧重于对旅游量预测及建模的研究，但缺乏对客源市场时空格局演变的研究。中国的理论体系初步构建，研究广度有限，仍在不断完善，理论研究进展晚于旅游业的发展进程是国内客源市场研究的一大特点。总的来说，国内外都注重实例研究，研究成果丰硕，且相关研究可归纳为以下几个方面。

一、客源市场结构分析

客源市场结构的研究直接影响旅游目的地客源市场定位和营销决策的制订，近年来学者对此项研究给予了高度关注。客源市场结构包括客源人口学结构、消费行为结构、时间结构、空间结构四部分。国外关于客源市场研究初期主要集中于游客人口统计学属性方面的工作。随着旅游业发展和旅游竞争的加强，部分国家政府开始关注游客的行为和旅游流的变化，并委托相关学者进行调查分析并提出可行性建议。英国学者 Rodger 于20世纪60年代末对英国游憩行为展开调查，此调查进一步丰富了早期的研究资料（吴必虎和俞曦，2010）。吴必虎和保继刚随后对其成果进行翻译并出版了《游憩地理学》和《当代旅游：地理学分析》。Pattie 和 Snyder（1996）研究了客流行为决策模式，并试图运用神经网络模型预测未来游客的行为模式。Karwacki 等（1997）对来自中国香港和台湾，以及新加坡、韩国的加拿大入境游客的客源结构和行为进行了分析，揭示了加拿大旅游业的优势并为其发展提出战略建议。Han 等（2017）基于韩国国内游客对健康旅游产品的消费需求，提出了健康旅行产品推广的建议。

客源时间结构和空间结构研究可以增强旅游目的地的竞争力，并为制订合理的营销方案提供对策建议。客源市场时间结构和空间结构研究模式通常为对比几个同类型旅游目的地客源市场时空结构的差异（张捷等，1999；汪德根等，2004），或者分析旅游目的地客源市场空间结构随时间的演变（汪德根等，2006；赵云和尚前浪，2010；靳诚等，2010；Liu et al.，2018）。客源市场时间结构特征主要研究游客数量随季节变化的强度，通常以季节变化强度指数为研究指标（崔凤军和杨永慎，1997）。客源市场空间结构特征主要研究客源空间分布状况、游客分布与距离的相关关系，用以表征客源空间结构的指标主要包括集中度、客源吸引半径、距离衰减模型等（沈振剑，1999；保继刚等，2002）。

二、客源市场影响因素研究

影响客源市场的因素十分复杂，不同学者对各自研究区域影响因素的界定不一致。影响旅游决策的因素可概括为旅游客源地状况、旅游目的地与客源地空间关系以及旅游目的地状况等（徐素宁等，2000）。旅游客源地状况主要包括游客经济水平、闲暇时间、年龄、工作性质、文化程度、家庭构成、出游动机等（吴必虎，2001；Srihadi et al.，2016）。对中国沿海与内陆居民出游意愿的分析研究表明，经济水平和闲暇时间是主要影响因素（何琼峰，2011）；旅游目的地与客源地空间关系研究更关注旅游目的地与客源地的空间距离。传统的研究认为，客源市场空间分布主要受距离影响，符合距离衰减规律，即随着距离的增加游客数量以旅游目的地为中心向外辐射减少（吴必虎和俞曦，2010）。随着技术的发展，通信条件逐步改善，传统距离衰减规律的影响逐步减弱，游客的空间分布出现波浪式前进及跳跃式增长两种模式（闾平贵等，2009）。旅游目的地的品牌形象、价格成本、汇率、气候、政治环境、安全状况等均会影响客源市场结构（Qu and Or，2006；Salleh et al.，2008；Saayman et al.，2008；Rosselló-Nadal et al.，2011；Salehzadeh et al.，2016；李宜聪等，2016）。事实上，客源市场并非仅受旅游客源地状况、旅游目的地与客源地空间关系或旅游目的地状况三者之一的影响，而是往往受三者共同作用的影响。若以不同闲暇时间为前提条件，则影响中国居民出游的因素从大到小依次为距离、经济水平、人口（刘泽华等，2013）。不同类型旅游目的地客源市场影响因素不同，同一类型不同发展阶段旅游目的地客源市场影响因素同样存在差异（刘海洋等，2013）。

三、客源市场细分研究

客源市场细分是区分不同需求消费者，有针对性地制订营销方案和产品的前提，因其具有感性、易变的特点，故比物质性市场更加复杂，是学者关注的热点问题之一。客源市场细分可以归纳为定性研究和定量研究（曹欢德，2006）。在客源市场细分的定性研究中，细分指标主要包括空间距离、消费水平、人口学特征、出游心理等（吴远芬等，2003；秦娟，2013；Wang，2014）。定量研究是在定性研究指标选取的基础上，运用统计学方法进一步分析，如显著性检验、回归模型、主成分分析法、聚类分析法以及神经网络等方法。解杼等（2004）采用主成分分析法和聚类分析法基于经济水平、人口、距离相关指标将江西旅游客源市场细分为八类客源市场类型，并提出了针对各类型的拓展方案。许峰（2008）采用聚类分析法对成都入境游客客源市场进行了细分，并针对会议、商务、休闲、文化、深度游等五类游客客源市场阐述了其相关的产品开发和营销方案。黄和平等（2015）以八种不同的出游动机（包括观光、探亲、商务、会议、休闲、宗教朝拜、文化以及其他）对中国游客客源市场进行了细分，并对变量弹性进行回归分析和聚类分析，提出了相应的开发模式和营销路径。Qu 等（2016）以价格杠杆为指标，通过聚类分析法细分了美国入境游休闲客源市场。

总之，国内外对特色类型旅游目的地客源市场研究相对较多，如针对沙漠（刘海洋等，2013；李陇堂等，2017）、温泉（Bacon，1998；巫晶，2006；Shapoval et al.，2017）、山岳（陆林，1996；张捷等，1999）、主题公园（Li，2011；刘少湃等，2016；Massing，2018）、乡村特色（Saxena and Ilbery，2008；刘昌雪和汪德根，2008）等，但针对冰川景区这一特殊类型旅游目的地客源市场的研究目前相对较少。旅游客源市场研究已在国内外广泛开展，其理论方法趋于成熟，因此，可以尝试用其研究冰川旅游客源市场。

四、旅游客源市场预估研究

旅游客源市场预估对评估旅游目的地发展趋势及合理调控游客数量以保持在景点承载力范围内十分重要，是景区管理者制订营销方案、调整发展策略的重要参考依据，对于减少错误决策和旅游目的地可持续发展至关重要。相比而言，旅游需求建模和预估研究比客源市场其他类型的文献更加多样化，而且对预估精度而言，多模式精度高于单一模式。目前常用的客源市场预估方法主要依靠传统数据预估和网络数据预估两种。

基于传统数据预估主要包括时间序列模型、计量模型、人工智能模型三类。不同类型的模型各有优缺点，时间序列模型主要考虑历史客流量数据，对数据量的要求较高（Qu and Lam，1997；Chu，2004；李乃文和韩婧婧，2015；梁昌勇等，2015）。计量模型主要考虑影响游客数量的变化因素，能较好地解释游客数量变化，但是指标的选择易受影响因素结构不完整的限制（Mello and Fortuna，2005；曾忠禄和张冬梅，2007）。计量模型中使用较多的是引力模型，20 世纪 60 年代中期，引力模型初次在旅游客源市场领域应用（Crampon，1966），1986 年引力模型首次应用于中国游客数量预估。人工智能模型中灰色 GM（1，1）模型具有处理信息不全问题的优势，是解决客源市场预估分析的有效工具之一（马燕，2008）。其中，客流量预估模型研究的发展趋势呈现出多模型的集成，充分考虑各类模型的缺点和长处，集成各模型的优势，实现模拟精度的提高（廖治学等，2013；Athanasopoulos et al.，2018；Hirashima et al.，2017）。

基于网络数据预估能较好地反映居民关注度，而关注度的趋势与旅游客流量具有很好的相关性，这也是基于网络数据进行旅游客源市场预估的研究基础。常用的网络数据包括网页点击率、百度搜索指数、谷歌搜索指数等。已有研究表明，将网络数据和人口、GDP、网络普及率、机票费用、人均消费等指标构建引力模型，对游客数量进行预估的方法适用性较强（Choi and Varian，2012；刘少湃等，2016）。网络信息与实际客流量关系的论证研究表明，旅游信息对游客的消费行为具有潜在引导作用（Davidson and Yu，2005；Lexhagen，2005；黄先开等，2013）。

第三章 中国冰川资源空间分布与变化

冰川是长期的气候产物，主要分布在高纬度地区和中低纬度高山和高原低温地带。北半球是全球山地冰川分布最多的地区，中低纬度地区冰川数量较高纬度地区要多，但冰川面积、冰储量则小于高纬度（50°以上）地区。从全球范围来看，中国的冰川数量似乎微不足道，但在冰川发育较少的中低纬度国家和地区，中国却是中低纬度冰川发育最多、规模最大的国家。其中，念青唐古拉山、喜马拉雅山中东段及横断山属海洋型冰川区域，该区域水热条件适宜，距近域客源市场较近，是当前冰川旅游发展较快的区域，然而该区域冰川退缩却远高于其他区域。

第一节 冰川内涵及其特点

冰冻圈是气候系统五大圈层之一，冰川作为冰冻圈的核心要素之一，面积近 16×10^6 km²，占地球陆地表面面积的 11%，主要分布在极地、中低纬度高山和高原地区。冰川是寒区多年降雪积累、经变质作用而形成的，冰川冰达到一定厚度后，在重力作用下形成具有一定流动速度的自然冰体。冰川冰是一种浅蓝而透明、具有可塑性的多晶冰体。雪线以上积雪，若未变成冰川冰，则称为永久性积雪。冰川以冰川冰为主体，其中包含一定数量的空气、液态物质和岩屑。在动力和热力的作用下，冰川积累、运动到消融的全过程中伴随着水分和热量的不断交换，冰川与大气、基岩相互作用构成一个复杂系统。大气固态降水导致冰川积累，气温决定冰川消融，地形影响冰川形态、规模等，三者相互作用共同决定着冰川的发育、性质以及演化过程。冰川发育和存在具有长期性，其形成和积累过程常常需要数十年乃至数百年，甚至更长时间。冰川的黏塑性决定了冰川具有一定的流动性。当冰川厚度增加时，冰体的重力作用使其具有向下的运动趋势，当冰川重力沿坡度方向向下的分力大于底部滑动摩擦作用力时，冰川将沿底部基岩向下滑动。

冰川运动速度一般来说较缓慢，但影响冰川运动的因素是多方面的，主要包括冰床基岩坡度、硬度、粗糙度以及冰川厚度、冰川温度、冰川含水量、压力等。一般而言，受基岩摩擦力作用，冰川中部流速大于两侧流速，冰面流速大于冰川底部流速。冰川运动主要由两个部分组成，一个是冰川内部运动，由下到上递增；另外一个是冰川底部在基岩上的滑动。因此，冰川运动一般存在三种类型，即冰川冰的形变、冰川底部滑动与冰床变形，但主要是冰川冰的形变与冰川底部滑动。冰川还有其他类型的特殊运动，如冰川跃动，即冰川在短时间内以超出正常速度的数倍运动，导致冰川末端突然前进较长距离，然后又减缓到平静状态，冰川规模也逐渐恢复到快速运动前的大致范围，经过一段时期以后又会再次快速运动和扩张，具有间期性和周期性的特点。

第二节　冰川景观类型

一、冰盖与山地冰川景观

依据冰川所处地理位置或环境、形态特征、物理性质等因素，对冰川类型进行划分，以便从不同时空尺度进行对比研究。不同类型冰川的物理属性、成冰过程、运动特征及对气候变化响应等均有不同程度的差异。按冰川发育条件和物理属性的分类称为冰川物理分类，按其形态特征和所占据地形单元的形态特征的分类称为冰川形态分类，两者相互联系，但冰川发育规模主要与冰川形态有关。冰川类型并非一成不变，而是随外界环境改变而变化，冰川类型之间不仅可以相互转化，而且在转化过程中形成了大量的过渡类型。总体而言，冰川按其形态特征和所占据地形单元的形态特征可划分为冰盖和山地冰川。

冰盖是指面积大于 $5\times10^4\text{km}^2$ 的冰川，除冰盖以外的陆地冰川有时也被统称为冰川，包括冰帽、冰原、山地冰川等。外形类似冰盖，规模小于 $5\times10^4\text{km}^2$ 而穹形更为突出的覆盖型冰川则称为冰原；面积明显小于冰原，整体为穹隆状，呈放射状向四周流动的一类冰川称为冰帽。冰盖主要分布于高纬度的南极洲和格陵兰，山地冰川零星分布于中低纬度的高山和高原（年平均气温在0℃以下的地带）。冰盖中心区为积累区，边缘区为消融区，其特点是面积巨大、冰层巨厚、分布不受下垫面限制，冰川呈盾形，中部最高，冰体从中央向四周呈辐射状挤压流动，至冰盖边缘往往伸出巨大冰舌，边缘冰体自陆地向海洋延伸。部分漂浮于海岸的大片冰体称为冰架，冰架可视为冰盖的组成部分。冰架主要发育在南极冰盖和格陵兰冰盖周边及加拿大北极地区。南极洲和格陵兰是仅存的大陆规模的冰盖实例。冰盖和冰架边缘或入海冰川末端崩解进入水体的大块冰体称为冰山。

　　山地冰川，又称高山冰川，一般由冰川积累区的粒雪盆和沿着山谷向山下运动的冰舌组成（图3-1）。山地冰川规模远不及冰盖，但受山地地形及冰缘冻融、雪蚀、雪/冰崩和寒冻风化作用等综合影响，其类型更为复杂多变，如冰帽（ice cap）、山谷冰川（valley glacier）、冰斗冰川（cirque glacier）、平顶冰川（tabular glacier）、山麓冰川、宽尾冰川、石冰川（rock glacier）、再生冰川及其多种组合形态。

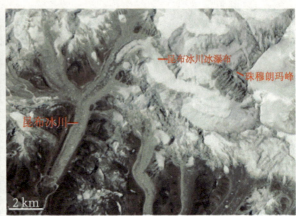

图3-1　南极冰盖与珠穆朗玛峰地区山地冰川遥感影像

图片来源于维基百科

二、冰川类型划分

　　按冰川温度季节变化层（活动层，冰川表面以下 15 ~ 20m 深度范围）以下冰体的热力特征，可将冰川分为暖型冰川、冷型冰川和过渡型冰川三类（Lagally，1932）。暖型冰川是指冰川底部具有相应压力下的冰融点温度的冰川；冷型冰川是指冰川活动层以下至底部冰体被低于冰融点的温度所控制的冰川；过渡型冰川是指冰川表层是冷型，而冰川底部则达到了相应的压力融点的冰川。Ahlman（1935）按冰体温度物理性质将冰川分为温带冰川（temperate glacier）、亚极地冰川（sub-polar glacier）和高极地冰川（high polar glacier）。温带冰川是指冰面融水渗浸再结晶作用旺盛，且整个冰川冰体温度处于压力融点，只有冬季冰体表层几米处于负温的冰川；极地冰川包括亚极地冰川和高极地冰川，是指冰面至很大深度冰体均为负温，其中，高极地冰川积累区由厚度很大的负温粒雪组成，在夏季通常不发生融化，而亚极地冰川积累区由厚度为 10~20m 的粒雪组成，夏季升温可引起粒雪融化。在已有分类基础上，Miller（1973）又提出了亚温型冰川（sub-temperate glacier）（Fahey and Thompson，1973）。亚温型冰川下部为压力融点，中上部温度处于间断性负温状态，表层在冷季为负温，暖季可达 0℃。同样，按冰川温度，阿夫修克（1959）将冰川分为干极地型冰川、湿极地型冰川、湿冷型冰川、海洋型冰川、大陆型冰川 5 类（中国科学院兰州冰川冻土研究所，1988）。施雅风（2008）综合考虑冰川发育水热条件和冰川物理特征，将冰川分为大陆型冰川和海洋型冰川两类，其中大陆型冰川又细分为极大陆型搬运冰川和亚大陆型搬运冰川两类。

按冰川成因，Wright 和 Priestley（1992）将冰川分为 4 类：补给区占优势的冰川，搬运（运动）区占优势的冰川，径流（消融）区占优势的冰川和补给区、搬运区、径流区相均衡的冰川。之后，冰川分类数量达 10 余种，分类标准较为混乱。1977 年，Müller 等编写的《世界永久性雪冰体资料的编辑与收集指南》一书中，对 40 种冰川参数给予了标准的测量规定。其中，将冰川分为 10 类，具体为不定或混杂的冰川（miscellaneous）、大陆冰盖（continental ice sheet）、冰原（ice field）、冰帽（ice cap）、溢出冰川（outlet glacier）、山谷冰川（valley glacier）、山地冰川（mountain glacier）、小冰川或雪原（glacieret and snowfield）、冰架（冰陆棚）（ice shelf）和石冰川（rock glacier）（UNESCO，1970）。其中，冰原主要分布于南北极地区，与冰盖（冰帽）的区别在于它们没有明显的冰穹区，在面积和厚度上远不及冰盖（冰帽）。冰帽是呈放射状向四周流动的穹形冰川，通常面积小于 $5\times10^4\mathrm{km}^2$。石冰川是含冰的寒冻风化岩（碎）屑或冰碛物，在重力和冻融的作用下沿山谷或坡面向下缓慢蠕动的舌状堆积体，含冰是形成石冰川的必要条件。

Müller 等（1977）提出的冰川分类体系被广泛使用，该体系是《世界冰雪资源地图集》中冰川分类的主要依据，而且在中国学者完成的《冰冻圈科学辞典》中，不仅参考了该分类体系，还进一步细化，将冰川分为覆盖式冰川、山地-覆盖式冰川和山地冰川三大类，这三大类又细分为若干亚类（图 3-2）。覆盖式冰川集中于南极大陆、格陵兰和北极诸岛屿，主要形态为冰盾和冰穹，是冰川形态类型中规模最大的类型。山地-覆盖式冰川，即覆盖式冰川与山地冰川的过渡类型，冰川规模介于两者之间，其主要形态为冰原、盆地冰川和山麓（山前）冰川（piedmont glacier）。其中，山麓冰川是由一条或多条大型山谷冰川流至山麓地带，汇流形成的一片宽广冰原，它是山谷冰川向大陆冰川转化的中间环节。

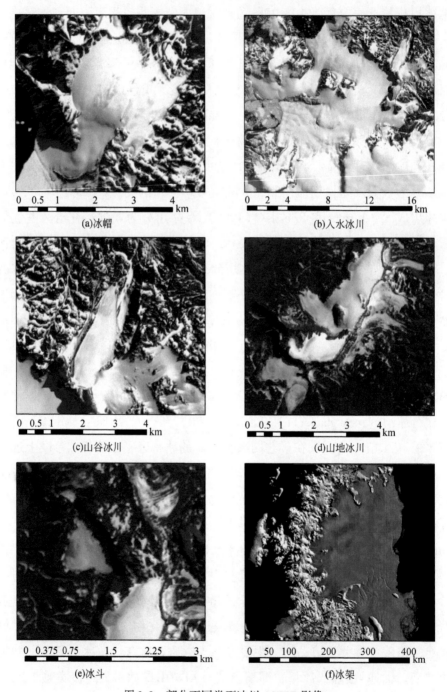

(a)冰帽

(b)入水冰川

(c)山谷冰川

(d)山地冰川

(e)冰斗

(f)冰架

图 3-2　部分不同类型冰川 ASTER 影像

影像来源 GLIMS

Benn 和 Evans（1998）认为冰川可分为受地形控制的冰川、不受地形控制的冰川和海洋型冰川三类。Armstrong 等（1973）则定义和说明了 12 种冰川类型，分别为冰盖（ice sheet）、内陆冰盖（inland ice sheet）、冰帽（ice cap）、溢出冰川（outlet glacier）、冰山麓（ice piedmont）、沿岸冰带（ice fringe）、冰边缘（ice edge）、山谷冰川（valley glacier）、冰斗冰川（cirque glacier）、冰流（ice stream）、冰架（ice shelf）和冰舌（glacier tongue）。在《苏联冰川编目指南》中，Vinogradov 等（1966）提出 33 个不同形态类型的冰川，而弗拉基米尔·科特利亚科夫（Vladimir Kotlyakov）等则将冰川类型重新梳理为 13 种，分别为悬冰川（hanging glacier）、雪凹溢出冰川、坡面冰川、冰斗冰川、冰斗–山谷冰川、单一山谷冰川（simple valley glacier）、复式山谷冰川（compound valley glacier）、树枝状山谷冰川（dendritic glacier）、宽尾冰川、山麓冰川、圆锥顶冰川、平顶冰川、分流冰川（diffluence glacier）（Richard et al.，2013）。

山地冰川按其规模属于最小的冰川类型，但下属冰川类型却最多，主要有山谷冰川（valley glacier）、溢出冰川（outlet glacier）、分流冰川（diffluence glacier）和平顶冰川（tabular glacier）。其中，山谷冰川是从粒雪盆流出或山坡雪崩补给形成并流动伸入谷地的冰川，它由位于山谷上游开阔盆地的冰川粒雪盆和山谷中的冰川主体组成。依据冰川纵剖面和前端特征，又可将悬冰川（hanging glacier）和冰斗冰川（cirque glacier）细分为冰斗–悬冰川（cirque-hanging glacier）、冰斗–山谷冰川（cirque-valley glacier）等（图 3-2）。其中，悬冰川是山地冰川中数量最多但体积最小的冰川类型，没有明显的粒雪盆和冰舌，一般发育在海拔较高的山坡上或洼地中，小型冰体常悬挂于冰斗口外陡坎，冰川作用差较小，易因气候波动而变化。冰斗冰川受风吹雪附加补给的影响，多数发育在背风坡较低的洼地中，短小冰舌常从冰斗口溢出，其规模较小。山谷冰川则很少受山脉坡向的影响，主要发育在高度巨大的山峰并延伸至山谷，呈现出辐射状分布形态（刘潮海和丁良福，1988）。山谷冰川是山地冰川中发育最早的一种类型，它具有明显而完整的粒雪盆、积累区和消融区。依据冰川粒雪盆所占据的单一粒雪盆（simple basin）、复式粒雪盆（compound basin）和多粒雪盆（compound basins），与之对应，又可将山谷冰川分为单一山谷冰川、复式山谷冰川和树枝状山谷冰川。其中，复式山谷冰川是指由两条冰川汇合而成的山谷冰川。由若干条山谷冰川汇合而成，其干流、一级支流和二级支流都可能是山谷冰川，整个干支流冰川一起形成树枝状山谷冰川。中国喜马拉雅山、喀喇昆仑山、昆仑山、念青唐古拉山和天山托木尔峰地区均发育有树枝状山谷冰川。溢出冰川是指山谷冰川溢出山口进入山前倾斜平原，冰川宽度保持呈略宽于谷口内原宽度的山谷冰川。分流冰川是指积累区同源，但下游分成流向不同支流的冰川。平顶冰川是指在平坦的山脊或山地夷平面上发育的冰川。冰川顶面平缓，状如薄饼，坡度较缓，边缘或为冰崖或为坡度不等的凸形坡。有的平顶冰川像白色的冰雪帽子盖在山顶上，规模较小的又称冰帽，其特点是冰面洁净，无出露冰面山体（王世金，2015）。

三、山地冰川形态特征

山地冰川不仅类型组合丰富多样，而且表面和内部结构形态万千，蔚为壮观。一般而言，发育成熟的现代冰川都有粒雪盆和冰舌，雪线以上的粒雪盆是冰川积累区，雪线以下的冰舌是冰川消融区。冰川表面形态在物质平衡线上部和下部各异。冰川积累区冰川运动速度较慢，形态变化较弱，冰面坡度较小，其表面形态单一，主要为粒雪盆（冰斗）、雪檐等景观。粒雪盆是指冰川积累区呈围椅状的盆地，是冰川发源地。冰川物质平衡线常位于粒雪盆外缘的冰坎位置。雪檐是指降雪常在背风坡一侧山脊形成很厚的雪堆，雪堆随时间和降雪次数、降雪量的增加而增厚，在重力作用下，雪层缓慢向前蠕动，进而形成悬挂于山脊一侧的积雪体。当粒雪盆上部坡度较大或雪檐重量过大时，常伴有雪（冰）崩现象发生。冰川消融区冰川流速较快、消融强烈，受地形条件影响，不同部位冰体流动速度不同，冰川纵横剖面张力和剪切力各异，加之冰川消融区冰面往往分布有大量冰碛物，在太阳辐射下，冰川不同部位表面接受的太阳辐射各异，故消融存在差异，在冰川运动和消融双重影响下，形成了较积累区更为丰富多样的冰川表面景观。例如，冰瀑布、冰舌、冰面径流（河）、冰面湖、冰川喀斯特、冰下水流（河）、冰裂隙、冰川竖井、冰塔林、冰川弧拱、冰蘑菇（冰桌）、冰川洞穴、冰桥、冰帘、冰芽、冰崖等形态景观（图3-3）。

其中，冰瀑布是指冰川在陡坡段冰床形成的状如瀑布的冰体形态，冰瀑布运动速度远高于一般冰川运动速度。冰舌是指冰川消融区最外围呈舌状下伸的冰体。冰面径流（河）是指冰川消融期在冰川表面形成的水流。冰面湖是指在冰盖和冰川表面因热力作用形成的湖泊。冰川喀斯特是指冰川因冰面、冰内、冰下的热力状况不同导致冰体差别消融，以及冰体断裂、流水等作用形成的类似于喀斯特地貌形态的

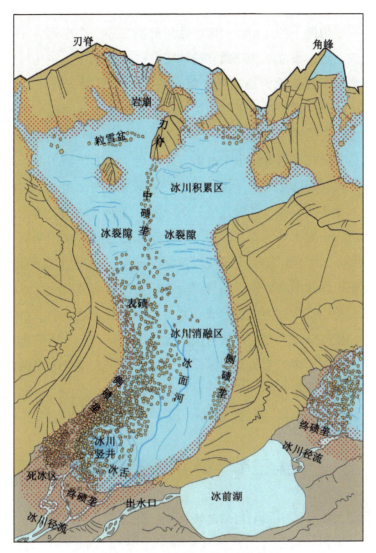

图 3-3　山地冰川表面景观形态特征

景观，如冰河道、冰洞、冰钟乳、冰笋、冰花、冰蘑菇、冰漏斗等。冰下水流
（河）是指冰川表面融水沿冰裂隙进入冰下后进行融化和冲蚀，在冰舌两侧或冰床
上形成的冰下河道，在冰川末端常形成冰川洞穴和冰下河景观。冰裂隙是指冰川运
动过程中，冰层受应力作用形成的裂隙，按其与冰川流向关系，可分为垂直于冰川
流向的横裂隙、平行于冰川流向的纵裂隙、与冰川流向斜交的斜裂隙和环粒雪盆分
布的边缘裂隙等。冰川竖井是指冰雪融水沿冰裂隙进入冰川内部并与冰下河道相连
接的通道。冰塔林是指冰川消融区由于差别消融形成的众多塔状或柱状冰体。冰川

各部位冰体运动速度、温度、冰体密度及其下垫面各异，冰川表面常形成纵横相间的冰裂隙，随着冰川向下的运动，裂隙将冰川分割成一个个冰块，在太阳辐射的影响下，裂隙加快消融，形成一个个独立的冰塔。在冰川末端，往往形成成群的冰塔林，其景观千姿百态、美轮美奂，在太阳光的折射和反射下，光彩夺目、变幻莫测、引人入胜。冰川弧拱是指由于冰川消融和积累期冰川运动速度差异在冰川表面形成的淡色和暗色相间的"波浪式"冰体夹层，顺流呈拱形。淡色多泡冰体由积累期积雪形成，冬季融化和再冻结微乎其微，而暗色含有冰碛物和泥沙的冰体由消融期冰体融化、积聚、再冻结形成。淡色冰体反照率高，表面消融小；而暗色冰体含有冰碛和泥沙，导热性较高，其融化也较为强烈，进而在冰面上形成凹槽，且在消融期间较多凹槽积聚融水和污泥。冰川中流线冰体流速高于冰川两侧，故形成冰川弧拱景观。冰蘑菇是指冰体被巨大砾块覆盖时受砾块保护作用，砾石底部冰体消融相对周围未受保护冰体消融较慢，差异消融造成周围冰体消融后留下一个冰柱托着砾石，形成的这种地貌被称为冰蘑菇或者冰桌。冰川洞穴是指由于自然或人为原因在冰川上形成的横向洞穴。冰桥是指河上结冰坚固，可以行走，谓之冰桥。冰崖是指冰川在陡坡断裂时形成的类似悬崖的冰墙，或在冰川末端及冰川两侧因坍塌形成的冰墙。冰川上的融水在流动过程中往往形成树枝状的小河网，时而曲折蜿蜒，时而潜入冰内。在一些融水多、面积大的冰川上，冰内河流特别发育。

第三节　冰川遗迹景观

冰川是准塑性体，冰川运动包括冰体蠕变、底部滑动与冰床形变 3 个部分，是高寒地区侵蚀、搬运、堆积并塑造各种地貌形态最积极的因子。冰川与寒冻、雪蚀、雪崩、流水等各种营力共同作用，形成丰富、多姿多彩的冰川遗迹地貌景观。冰川遗迹地貌主要是指因冰川刨蚀和拔蚀作用，在冰川运动过程中形成的诸多冰蚀地貌、冰碛地貌、冰水堆积地貌（图3-4）。冰川发育时，有些地貌景观被冰川覆盖，冰川消失后，这些形态独特的景观方能以真正的面貌示人（Thompson and Turk，1994）。同时，冰川融水还将冰川区物质搬运至较远的非冰川区。如果说现代冰川展现给游客的是冰川处于生存期时的景观，那么冰川遗迹留给游客的则是一个想象空间。达古雪山古冰川作用遗迹广布，具有多期冰川作用过程，自老到新经历了富林冰期（早更新世中期）、摩岗岭冰期（中更新世早期）、早贡嘎冰期（晚更新世早期）、晚贡嘎冰期（晚更新世晚期）和新冰期（全新世中晚期），这些冰期多发育了以山谷冰川为主的山地冰川类型。其中，摩岗岭冰期和早贡嘎冰期是第四纪冰川的强盛期，也是形成冰川遗迹地貌最多的时期（王世金，2015）。

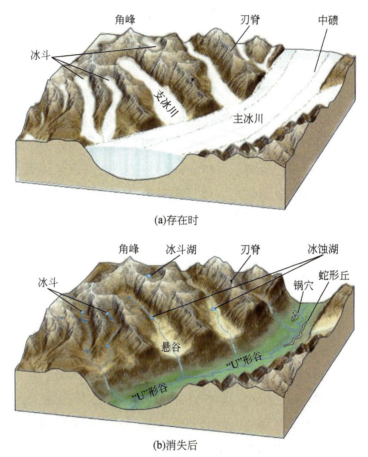

(a)存在时

(b)消失后

图 3-4　山地冰川存在时与消失后的地貌景观

据 Tarbuck 和 Lutgens（2009）重绘

一、冰蚀地貌景观

冰川在运动过程中对地表的侵蚀作用即为冰川侵蚀作用。冰蚀地貌是冰川冰中含有不等量的碎屑岩块，在运动过程中对谷底、谷坡岩石进行挤压、磨蚀、拔蚀等，形成一系列冰蚀地貌形态。例如，冰斗、冰川槽谷（"U"形谷）、冰坎、冰蚀悬谷、刃脊与角峰、羊背石、鲸背岩、卷毛岩、冰川磨光面、冰川擦痕、冰川刻槽、冰川三角面、冰蚀湖、峡湾等（附图 5）等。其中，冰斗是古冰川粒雪盆所在地，是山地冰川地区常见的地貌现象，是冰川与冰缘过程联合作用的产物。冰川槽谷是由山谷冰川下蚀和拓宽侵蚀造成的，两侧一般有平坦的谷肩。冰川槽谷谷底因岩性差异，软弱岩层处形成冰盆，坚硬岩层处形成冰坎。冰蚀悬谷是由主冰川与支冰川侵蚀力的差异造成的。主冰川因冰层厚、下蚀力强，故槽谷较深，而支冰川因冰层薄、下蚀力弱，故槽谷较浅。当主冰川与支冰川退却后，其支谷就成为悬谷。刃脊和角峰是冰川与冰缘过程联合作用的产物。相邻两冰川槽谷的山坡被侵蚀和剥蚀，形如鱼脊，恰似刀刃，故称为刃脊。3 个冰斗或 4 个冰斗后壁向上侵蚀，就会形成金字塔状的角峰。羊背石或鲸背岩为冰川基床上的一种侵蚀地形，由基岩组成的小丘常成群分布，远望如匍匐的羊群，故称为羊背石，或似鲸背，又称鲸背岩。在羊背石上或冰川槽谷谷壁与底部，以及冰碛石表面和大漂砾上，常因冰川磨蚀、刻蚀作用而形成冰川磨光面、冰川擦痕、冰川刻槽、冰川三角面或冰溜面。冰蚀湖是古冰川流动过程中对岩性较软或破碎岩石挖蚀而成的一种负地形侵蚀地貌。在高纬度地区，冰川常伸入海洋，海岸被侵蚀成一些很深的"U"形谷，当冰川退缩后，海水沿"U"形谷进入，其"U"形谷便形成峡湾，峡湾上游通常被高山环绕。

达古冰川区高海拔地带（海拔 4000m 以上）的古冰川作用主要发生在距今较近的晚更新世早期（早贡嘎冰期）—全新世中晚期（新冰期），因冰川运动过程中对冰床底部及两侧岩石进行挖掘和磨蚀等剥蚀作用形成的角峰、刃脊、冰斗极为典型。自全新世中晚期冰盛期以来，山区海拔 4500m 以上的极高山均形成了众多的角峰、刃脊，这些地质遗迹在不同高度的山峰上星罗棋布，立于海拔 4550m 的达古冰川区索道上，四周金字塔状的山峰和鱼鳍状刃脊尽入眼底，蔚为壮观。山地冰川流动过程中挖掘和磨蚀作用不断改造原来的山谷或河谷，使之变深、加宽并削平山咀使之变直，成为槽状谷地，呈"U"字形，故也称为冰川"U"形谷（如红柳滩"U"形谷和鸿运坡"U"形谷），通常在"U"形谷崖壁上，基岩受冰川磨蚀作用形成冰川磨光面和冰川擦痕。冰蚀洼地在冰川侵蚀作用下多形成小盆地，间冰期时冰川退缩后，积水形成小湖泊，即冰蚀湖。景区内最为著名的东措日月海是大致形成于晚贡嘎冰期—磨西间冰期的冰蚀湖（附图 5）。大致在早贡嘎冰期最盛的时候，区内除了形成两条最大的主冰川外，鸿运坡"U"形谷南西侧的陡崖之上还形成了山谷支冰川，当时冰川的规模不大，刨蚀能力弱于主冰川，故支冰川的谷底海拔高于主冰川。磨西间冰期，温暖的气候使冰川退缩，主冰川和支冰川之间形成了高度相差近100m的悬谷,夏季冰雪融水从这里跌落形成巨大的瀑布,冬季流水结冰后又是一道壮观的冰瀑布,这就是达古冰川区位于海拔4300m的银措海处著名的"凌云瀑布"(王世金,2015)。

二、冰碛地貌景观

若冰川搬运物质的增加超出了冰川搬运能力,可能发生沉积。冰川沉积物质称为冰碛物,冰碛物对研究古冰川和恢复古地理环境有重要作用(白明晖,1983)。冰碛地貌主要由冰川搬运或堆积作用形成,主要有侧碛堤、终碛堤、冰碛丘陵、冰川漂砾、鼓丘、冰碛湖等景观。国际第四纪研究联合会根据碎屑在冰川搬运和沉积作用发生时的位置、过程等关系,制订了"冰碛物的成因分类方案"(Dreimanis,1989)。总体而言,依据冰碛物所处位置不同,分别形成表碛(出露在冰川表面)、内碛(夹在冰川内部)、底碛(堆积在冰川底部)、侧碛(堆积在冰川两侧)、中碛(两条冰川汇合后,其相邻的侧碛合而为一,形成中碛)、终碛(堆积在冰川末端)。侧碛堤是由侧碛和表碛在冰川后退处共同堆积而成的,位于冰川槽谷两侧,呈堤状向冰川上游可一直延伸至雪线附近,而向下游常与终碛堤相连。终碛堤所反映的是冰川后退时的暂时停顿阶段,若冰川补给和消融处于平衡状态,则冰川末端可于某一位置略作停留,这时由冰川搬运来的物质可在冰川末端堆积形成弧状堤,称为终碛堤或终碛垄。终碛垄的数量与规模是判定冰期和冰川进退的重要依据。冰川消融后,原有表碛、内碛、中碛都沉到冰川谷底,与底碛汇合为基碛,这些冰碛物受冰川谷底地形影响,堆积成坡状起伏的丘陵,称为冰碛丘陵(图3-4)。冰川搬运作用可将巨大岩石搬运至很远(高)的地方,这些被搬运的巨大岩石称为冰川漂砾,其岩性可与该地附近基岩完全不同。鼓丘是由冰碛物组成的一种丘陵,约呈椭圆形,长轴与水流方向一致,迎冰面是陡坡,背冰面是缓坡。一般认为,鼓丘是由冰川搬运能力减弱,底碛遇到阻碍堆积而成的。冰碛丘陵是冰川退缩后谷地中形成的状如墓冢的冰碛物,即冰川强烈消融时,冰舌末端部分区域快速转变为死冰,死冰差别融化过程中产生漏斗状冰面,使融出岩屑向漏斗集中。如此反复进行,死冰完全融化后形成成群的墓堆状堆积。冰碛湖是冰川消退时冰碛物形成的凹地或冰碛物阻塞河床、冰川谷潴水而成的湖泊。

在冰盛时期,被冰川搬运的物质不仅有冰川挖掘和磨蚀作用的产物,还有冰川谷两侧基岩受冰劈作用而崩落到冰川表面的物质或冰川消融在表面和侧边、底部形成的碎屑物质。达古雪山地区自晚更新世至全新世以来，经历了早贡嘎冰期、晚贡嘎冰期、新冰期几次较为强盛的时期，随着历次冰期冰川的运动，形成了大量的冰碛物和冰碛地貌。在间冰期，气候变暖，冰川冰体消融变薄，搬运能力减弱，在冰川下游因摩擦受阻，冰川搬运的众多物质从冰体中分离堆积起来，即冰川堆积作用。因冰川搬运能力和冰川所处环境不同，不同区域沉积物呈现出不同的地貌类型，形成不同的冰川遗迹。例如，经历不同的地质运动和冰川作用，达古雪山海拔4300m以上的古冰川支谷两侧保存有冰川遗迹的侧碛堤；达古河上游段可见1号、2号终碛堤被破坏改造后保留的痕迹，按形成时期推测，两终碛堤分别形成于早贡嘎冰期和晚贡嘎冰期。

三、冰水堆积地貌景观

由冰水搬运后形成的堆积称为冰水堆积。冰水堆积地貌是冰川与冰川融水沉积共同作用的结果，在冰川边缘由冰水堆积物组成各种地貌，如冰水扇、冰水冲积平原、冰砾阜、锅穴、蛇形丘、冰川纹泥等（图3-5）。

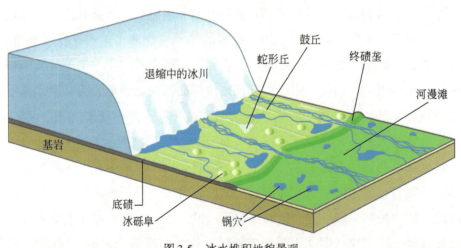

图3-5　冰水堆积地貌景观

冰川携带的物质受冰川融水冲刷及淘选，会依照颗粒大小堆积成层，形成冰水堆积物。当冰川末端融水携带的大量砂砾堆积在冰川前面的山谷或平原时，便形成冰水沉积物。若是在大陆冰川的末端，这类沉积物可绵延数公里，在终碛堤的外围堆积成扇形地，称为冰水扇。数个冰水扇相连，就形成了广大的冰水冲积平原。在这些地形上，沉积物呈缓坡倾向下游，颗粒度亦向下游变小。冰砾阜是由有层理并经分选的细粉砂组成的圆形或不规则形状的小丘。冰砾阜上部通常有一层冰碛层，由冰面湖（河）或停滞冰川的穴隙中的沉积物，在冰川消融后沉落到底床堆积而成，其与鼓丘的不同之处在于冰砾阜的形状很不规则，且为层状。锅穴是冰水冲积平原上常有的一种圆形洼地，由于冰川消退时有些残冰被孤立而埋入冰水沉积物中，等到冰融化后引起塌陷而造成锅穴。蛇形丘是一种狭长曲折的地形，呈蛇形弯曲，两壁陡直，丘顶较狭窄，其延伸的方向大致与冰川的流向一致（图3-5）。冰川纹泥是冰川融水携带的物质在冰川前缘湖泊中缓慢形成的具有明显沉积韵律的沉积物。

四、冰川遗迹地貌的空间组合特征

山地冰川与冰盖形成的冰川地貌组合有其共性也有其独特性。山地冰川地貌组合呈现垂直分布规律，且以古冰川平衡线为界，上部以冰蚀地貌为主，分布有角峰、刃脊等；平衡线附近分布有冰斗群；平衡线高度以下的冰蚀地貌，如"U"形谷，谷坡与谷底过渡区的羊背石、鲸鱼背，槽谷中的冰盆与冰坎、冰川擦痕等。冰碛地貌则主要分布在古冰川平衡线高度以下区域，如侧碛垄、终碛垄、中碛垄、冰碛丘陵、冰水扇、冰水阶地等。大陆冰盖的地貌组合呈现水平分布规律，且以高大的终碛垄为界，垄内以冰蚀地貌与沉积地貌为主；垄外以冰水堆积地貌为主。从冰盖中心向外围，分布有大面积的基岩磨光面、冰蚀湖、终碛垄、冰碛丘陵、蛇形丘等。在冰盖外围，若有入海冰川的存在，还可形成峡湾景观。

第四节　世界冰川资源空间分布

地球上的冰川大多分布于远离人类聚居区的南极洲和格陵兰，少部分零星分布于高寒、高海拔地带。1989年出版的《世界冰川编目》中统计的全球冰川面积为15 861 766km^2。其中，中国冰川面积为施雅风院士提供的56 482km^2。Долгушии（2000）对全球冰川面积进行了修正，修正后的全球冰川面积为15 953 967km^2，冰储量为30 301 196km^3。由于海拔和纬度效应，冰川分布高度在赤道附近海拔最高，达到 5000 ~ 6000m，如非洲大陆赤道附近的乞力马扎罗 (3°03′39.11″S，37°21′35.69″E)冰川分布高度达 5897m。从赤道向两极，冰川下边界高度随纬度升高而降低。

据 IPCC 第五次报告统计，除冰盖外，全球有冰川（含冰帽）168 331 条，冰川总面积为 726 258.3km²，冰储量为 113 915 ~ 191 879Gt，对海平面上升潜在贡献量为 412mm，其数量和分布见表 3-1 和图 3-6。

表 3-1　全球山地冰川的数量分布

序号	地区	冰川数量 （条）	冰川面积 （km²）	占冰川总面积 的比例（%）	最小冰储量 （Gt）	最大冰储量 （Gt）
1	阿拉斯加	23 112	89 267	12.29	16 168	28 021
2.00	加拿大西部和美国	15 073	14 503.5	2.00	906	1 148
3	加拿大北极地区北部	3 318	103 990.2	14.32	22 366	37 555
4	加拿大北极地区南部	7 342	40 600.7	5.59	5 510	8 845
5	格陵兰	13 880	87 125.9	12.00	10 005	17 146
6	冰岛	290	10 988.6	1.51	2 390	4 640
7	斯瓦尔巴群岛	1 615	33 672.9	4.64	4 821	8 700
8	斯堪的纳维亚	1 799	2 833.7	0.39	182	290
9	俄罗斯北部	331	51 160.5	7.04	11 016	21 315
10	亚洲北部	4 403	3 425.6	0.47	109	247
11	欧洲中部	3 920	2 058.1	0.28	109	125
12	喀斯喀特	1 339	1 125.6	0.15	61	72
13	亚洲中部	30 200	64 497.0	8.88	4 531	8 591
14	南亚西部	22 822	33 862.0	4.66	2 900	3 444
15	南亚东部	14 006	21 803.2	3.00	1 196	1 623
16	低纬地区	2 601	2 554.7	0.35	109	218
17	安第斯山南部	15 994	29 361.2	4.04	4 241	6 018
18	新西兰	3 012	1 160.5	0.16	71	109
19	南极及亚南极地区	3 274	132 267.4	18.21	27 224	43 772

注：冰川数量及冰川面积数据来自文献 Arendt 等（2012），而冰储量数据来自 Huss 和 Farinotti（2012）、Marzeion 等（2012）、Grinsted（2013）、Radić等（2014）、Pfeffer 等（2014）

资料来源：IPCC（2013）

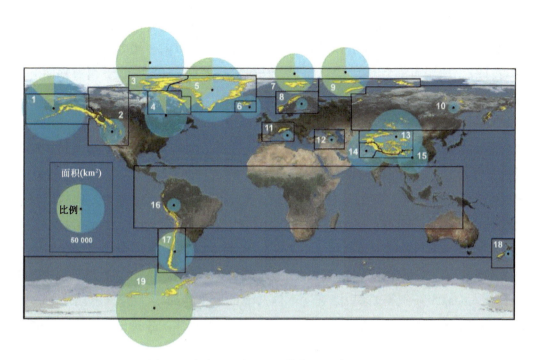

图 3-6　全球山地冰川主要分布（19 个区）示意

图中数字为分区序号：1. 阿拉斯加，2. 加拿大西部和美国，3. 加拿大北极地区北部，4. 加拿大北极地区南部，5. 格陵兰，6. 冰岛，7. 斯瓦尔巴群岛，8. 斯堪的纳维亚，9. 俄罗斯北部，10. 亚洲北部，11. 欧洲中部，12. 喀斯喀特，13. 亚洲中部，14. 南亚西部，15. 南亚东部，16. 低纬度地区，17. 安第斯山南部，18. 新西兰，19. 南极及亚南极地区

资料来源：IPCC，2013

北半球是全球山地冰川分布最多的区域，这里分布有冰川 143 450 条，冰川面积为 560 914.5km²，冰储量为 82 270 ~ 141 762Gt，对海平面上升潜在贡献量为 301.4mm，冰川数量、冰川面积、冰储量和对海平面上升潜在贡献量分别占全球山地冰川的 85.22%、77.23%、72.22% ~ 73.88% 和 73.17%。

中低纬度地区冰川数量要比高纬度地区多，但冰川面积、冰储量以及对海平面上升潜在贡献量则小于高纬度（50°以上）地区。例如，北半球中低纬度（表 3-1 和图 3-6 中 2 区、11 区、12 区、13 区）地区分布有冰川 50 532 条，冰川面积为 82 184.2km²，冰储量为 5607 ~ 9936Gt，对海平面上升潜在贡献量为 20mm；而 50°N 以北高纬度地区的 3 ~ 9 区，分布有冰川 28 575 条，较中低纬度地区少，冰川面积为 330 372.5km²，冰储量为 56 290 ~ 98 491Gt，其对海平面上升潜在贡献量不足 234.5mm，均大于 50°N 以南中低纬度地区。南半球中低纬度（表 3-1 和图 3-6 中

16~18 区）地区分布有冰川 21 607 条，冰川面积为 33 076km²，冰储量为 4421~6345Gt，对海平面上升潜在贡献量为 17.2mm；而 50°S 以南高纬度地区，分布有冰川 3274 条，冰川面积为 132 267.4km²，冰储量为 27 224~43 772Gt，对海平面上升潜在贡献量为 96.3mm，大于南半球中低纬度地区。

据观测，近年来全球冰川长度、冰川面积、冰川体积和冰川质量明显减小和收缩。2003~2009 年，阿拉斯加、北冰洋加拿大部分、格陵兰、南安第斯山和亚洲山区退缩极为明显。根据最长观测资料的全球 37 条参照冰川统计结果，近 35 年全球冰川融化迅速，10 年尺度的评估表明，冰川物质平衡均以亏损为主，且冰体消融速度呈上升趋势。例如，1980~1989 年冰川物质平衡平均亏损 221mm w.e.，而 2000~2009 年冰川物质平衡平均亏损 726mm w.e.。2010~2014 年冰川物质平衡亏损达 836mm w.e.。全球变化加速冰川消融已成事实。根据 IPCC 第五次评估报告，相对于 1986~2005 年，全球冰川储量（不包括南极冰盖）到 21 世纪末将减小 15%~55%（RCP2.6）和 35%~85%（RCP8.5）（IPCC，2014；Kraaijenbrink et al.，2017）。图 3-7 为 21 世纪亚洲地区冰川消融的预估。

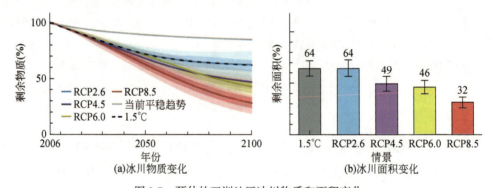

图 3-7　预估的亚洲地区冰川物质和面积变化

（a）误差范围依据四分点和第 95 百分位方法确定；（b）误差范围为标准差

第五节　中国冰川资源空间分布

中国是世界上最早完成冰川编目的国家之一。中国第一次冰川编目始于 1978 年，由施雅风主持，至 2002 年全面完成，形成了 12 卷 22 册冰川编目书籍（施雅风，2005）。根据中国第一次冰川编目成果，中国西部共分布了 46 377 条冰川，总面积为 59 425.18km²，储存了约 5600km³ 的淡水资源。全球变暖导致世界各地冰川快速消融，中国西部冰川同样发生着剧烈变化，冰川学科的发展和社会经济建设的需要都要求了解中国冰川新的分布状态。从 2007 年开始，以中国科学院寒区旱区环境与工程研究所冰冻圈科学国家重点实验室的研究人员为核心，全面启动了中国第二次冰川编目的编制工作。中国第二次冰川编目采用国际通用的遥感和地理信息系统方法，分别以 2005～2010 年获取的美国 Landsat TM/ETM+卫星遥感影像和 2000 年测绘的 SRTM V4 全球高程数据为冰川边界与高程信息的基础数据源（Guo et al.，2014），编制了包括冰川矢量边界以及冰川名称、编码、面积、高程、坡度、坡向等 28 项冰川属性参数的中国西部最新冰川目录。

2014 年 12 月 13 日，中国第二次冰川编目数据集（V1.0）正式面向社会公开发布（Guo et al.，2014），同时在寒区旱区科学数据中心（http://westdc.westgis.ac.cn）设置了开放共享。相关成果同步上传于 GLIMS 数据库，现已合并于 RGI 世界冰川编目 5.0 以上版本（Arendt et al.，2015）。第二次冰川编目数据集（V1.0）结果表明，中国西部山区分布有现代冰川共 48 571 条，总面积为 51 766.08km^2，总冰储量为 4494.00±175.93km^3（刘时银等，2015）。

需要说明的是，中国第二次冰川编目解译所用的基础影像为 2004 年之后的 Landsat TM/ETM+和 ASTER 遥感影像，共解译出冰川 42 370 条，面积为 43 012.58km^2，占第一次冰川编目全国冰川总面积的 72.38%，占第二次冰川编目冰川总面积的 83.09%。而对于无现状冰川编目资料的地区，利用地形图数字化结果替代，因此，第二次冰川编目数据集中，以第一次冰川编目资料替代的冰川共有 6201 条，面积为 8753.50km^2，主要分布于西藏的林芝、山南、那曲和昌都，以及云南的怒江傈僳族自治州。该区域受天气和积雪等影响，影像资料可用性相对较差。

一、不同类型冰川空间分布

如本章前文所述，按照冰川发育的气候条件，中国冰川可划分为海洋型冰川、亚大陆型冰川和极大陆型冰川（施雅风，2005；Shi et al.，2009）（图3-8）。海洋型冰川物质平衡线附近夏季平均气温为 1～5℃，冰层温度高于-1℃，接近 0℃，因而冰川消融强度大，运动速度快。海洋型冰川上部雪/冰崩频繁，一般有宽广的粒雪盆、冰斗、角峰、刃脊等冰蚀地貌。冰川槽谷中的岩盆都比较深，大都有湖泊发育，冰碛物中粉砂与黏土含量较高（尤联元和杨景春，2013）。

图 3-8　中国三大类型冰川分布

我国海洋型冰川（或温冰川）主要分布在青藏高原东南部横断山脉，行政上主要隶属于中国西南部的西藏、云南和四川。海洋型冰川较其他两类冰川有较高的可进入性，冰川蜿蜒起伏，山间气候湿润，森林密布，风景优美。亚大陆型冰川和极大陆型冰川物质平衡线较高，气温较低，冰川规模一般较大，冰川物质平衡线高度处年降水量为 500～1000mm，年平均气温为−12～−6℃，夏季 6～8 月气温为 0～3℃，冰层温度在 20m 活动层深度以内为−10～−1℃，冰川运动速度较慢，消融相对较弱，冰川侵蚀作用也较小，冰斗及槽谷较为宽浅，冰碛物中黏土含量较少。亚大陆型冰川主要分布在阿尔泰山南坡、喜马拉雅山中西段北坡、喀喇昆仑山北坡，面积约为25 390.53km²，约占全国冰川面积的 49.05%。极大陆型冰川的主要特点是冰川物质平衡线高度较高，高度可达森林带 1000m 以上，甚至达到 1500～2000m，高山裸岩范围广大，冰川外围遗迹景观清晰；冰川物质平衡线高度处年降水量为 200～500mm，年平均气温低于−10℃，在极干燥寒冷的环境下，冰川热量支出以蒸发为主，消融很弱，冰流迟缓，冰川刨蚀和堆积作用差，冰斗和槽谷大多开阔平缓，冰碛物多为块石和砂砾，粉砂和黏土含量很少（尤联元和杨景春，2013）。

中国的极大陆型冰川主要分布在喀喇昆仑山、西昆仑山、羌塘高原、帕米尔高原东部、唐古拉山西段和祁连山西部，面积约为 18 685.54km^2（康尔泗等，2004），约占全国冰川面积的 36.10%。

二、不同山系空间分布

中国冰川数据在国内以两次冰川编目数据为主，而国际上冰川数据库较多，如 World Glacier Inventory（WGI）（Cogley，2009）、Global Land Ice Measurement from Space（GLIMS）（Bishop et al.，2004）、Randolph Glacier Inventory（RGI）（Pfeffer et al.，2014）、Glacier Area Mapping for Discharge in Asian Mountains（GAMDAM）（Nuimura et al.，2015）等。

中国第一次冰川编目成果显示，中国西部共发育冰川 46 377 条，总面积为 59 425.18km^2，冰储量为 5600.25km^3。而中国第二次冰川编目成果显示，中国西部共发育冰川 48 571 条，总面积为 51 766.08km^2，冰储量为 4494.00±175.93km^3。其中，分布于新疆和西藏的冰川约占总冰川面积的 90%（Guo et al.，2014；刘时银等，2015）。两次冰川编目成果显示，冰川条数在增加，而冰川面积及冰储量却明显减少。中国冰川面积占全球冰川（冰盖）总面积（约 15 865 756km^2）不足 0.40%（王宗太和苏宏超，2003），分别占世界山地冰川（410 700km^2）和亚洲山地冰川面积（124 900km^2）的 12.60% 和 41.45%。

从全球范围来看，中国冰川似乎微不足道，但在冰川发育较少的中低纬度国家和地区，中国冰川面积却占其中的 30%，是中低纬度冰川数量最多、规模最大的国家。就各山系而言，统计表明，昆仑山、念青唐古拉山、天山、喜马拉雅山和喀喇昆仑山是中国冰川分布较多的山系（表3-2）。其中，分布在昆仑山的冰川数量最多（8922 条），面积和冰储量也最大，分别为 11 524.13km^2 和 1106.34±56.60km^3，其冰川数量、冰川面积和冰储量分别占全国的 18.37%、22.26% 和 24.62%；天山冰川数量仅次于昆仑山，位居第 2 位，但其冰川面积和冰储量低于昆仑山与念青唐古拉山，位居第 3 位。除上述 3 条山脉外，喜马拉雅山和喀喇昆仑山冰川数量均在 5000 条以上，这 5 条山脉共分布冰川 35 104 条，冰川面积为 41 072.75km^2，约分别占中国冰川相应总量的 72.3% 和 79.34%（表3-2）。

表 3-2 中国西部冰川统计

山系（高原）	冰川数量		冰川面积		冰储量	
	数量（条）	比例（%）	面积（km²）	比例（%）	储量（km³）	比例（%）
阿尔泰山	273	0.56	178.79	0.35	10.50±0.21	0.23
穆斯套岭	12	0.02	8.96	0.02	0.40±0.03	0.01
天山	7 934	16.33	7 179.77	13.87	707.95±45.05	15.75
喀喇昆仑山	5 316	10.94	5 988.67	11.57	592.86±34.68	13.19
帕米尔高原	1 612	3.32	2 159.62	4.17	176.89±4.63	3.94
昆仑山	8 922	18.37	11 524.13	22.26	1 106.34±56.60	24.62
阿尔金山	466	0.96	295.11	0.57	15.36±0.65	0.34
祁连山	2 683	5.52	1 597.81	3.09	84.48±3.13	1.88
唐古拉山	1 595	3.28	1 843.91	3.56	140.34±1.70	3.12
羌塘高原	1 162	2.39	1 917.74	3.70	157.29±3.11	3.50
冈底斯山	3 703	7.62	1 296.33	2.50	56.62±3.43	1.26
喜马拉雅山北坡	6 072	12.50	6 820.98	13.18	533.16±8.71	11.87
念青唐古拉山	6 860	14.12	9 559.20	18.47	835.30±31.30	18.59
横断山	1 961	4.04	1 395.06	2.69	76.50±2.41	1.70
总计	48 571	100	51 766.08	100	4 494.00±175.93	100

资料来源：刘时银等（2015）

三、不同流域冰川空间分布

依据国际冰川编目规范，中国西部山地冰川分布区域可分为内流区和外流区，进一步划分为 10 个一级流域和 29 个二级流域（表 3-3）。如表 3-3 所示，基于中国第二次冰川编目成果（刘时银等，2015），中国内流区和外流区冰川分别有 28 912 条和 19 659 条，冰川分布面积分别为 31 242.58km²、20 523.50km²，所占比例分别为 60.35%、39.65%。在一级流域区划中，东亚内流区（5Y）冰川数量最多，冰川面积和冰储量亦最大，所占比例依次为 42.03%、43.30% 和 47.04%；其次为恒河流域（5O），其冰川数量、冰川面积、冰储量所占比例依次为 26.03%、30.36% 和 29.08%。黄河流域（5J）冰川数量和冰川面积均是一级流域中最小的，冰川数量仅为 164 条，冰川面积为 126.72km²，冰储量为 8.53±0.03km³。但从冰川平均面积分析，恒河流域（5O）的冰川平均面积最大，为 1.24km²；其次是青藏高原内流区

（5Z），冰川平均面积为 1.14km²；东亚内流区（5Y）和长江流域（5K）冰川平均面积均为 1.10km²。中国境内印度河上游（5Q）和发源于唐古拉山东段的澜沧江流域（5L，境外称湄公河）冰川平均面积最小，分别为 0.46km² 和 0.49km²。

表3-3　中国一级流域冰川统计

分区	一级流域 （编码）	冰川数量		冰川面积		冰储量	
		数量（条）	比例（%）	面积（km²）	比例（%）	储量（km³）	比例（%）
内流区	中亚内流区（5X）	2 122	4.37	1 554.70	3.00	106.00±0.27	2.36
	东亚内流区（5Y）	20 412	42.03	22 414.58	43.30	2 113.98±112.51	47.04
	青藏高原内流区（5Z）	6 378	13.13	7 273.30	14.05	662.06±27.78	14.73
	小计	28 912	59.53	31 242.58	60.35	2 882.04±140.56	64.13
外流区	额尔齐斯河（鄂毕河上游）（5A）	279	0.57	186.12	0.36	10.84±0.23	0.24
	黄河流域（5J）	164	0.34	126.72	0.24	8.53±0.03	0.19
	长江流域（5K）	1 528	3.15	1 674.69	3.24	117.24±0.14	2.61
	澜沧江流域（5L）	469	0.97	231.32	0.45	11.15±0.55	0.25
	怒江（5N）	2 177	4.48	1 479.09	2.86	91.88±0.86	2.04
	恒河流域（5O）	12 641	26.03	15 718.65	30.36	1 306.95±38.01	29.08
	狮泉河（印度河上游）流域（5Q）	2 401	4.94	1106.91	2.14	65.37±1.11	1.45
	小计	19 659	40.47	20 523.50	39.65	1 611.96±35.37	35.87
总计		48 571	100	51 766.08	100	4 494.00±175.93	100

资料来源：刘时银等（2015）

此外，29 个二级流域（刘时银等，2015）中，塔里木河内流区（5Y6）分布的冰川数量相对最多，冰川面积和冰储量也相对最大，分别为 12 664 条、17 649.94km² 和 1841.27km³，该流域周围被天山、帕米尔高原、昆仑山环绕；其次是雅鲁藏布江流域（5O2），其冰川数量、冰川面积和冰储量分别为 10 592 条、13 125.14km² 和 1094.98km³。班公湖流域（5Z4）位居第 3 位，但其冰川面积（2899.62km²）远低于前两者，冰川数量（2635 条）也低于准噶尔内流水系（5Y7，3092 条）。冰川数量和冰川面积最少（小）的二级流域是嘉陵江流域（5K7），仅有 1 条冰川，且面积为 0.12km²，该冰川位于岷山主峰雪宝顶（5588m）的东南坡，是中国分布最靠东的冰川。

四、不同省份冰川空间分布

中国冰川资源主要分布在新疆、西藏、青海、甘肃、四川和云南（表3-4）。考虑到行政区划的变更，中国第二次冰川编目数据统计时参考当时最新行政区划界线。从冰川数量分析，西藏最多，其次是新疆，中国 22 条面积在 $100km^2$ 及以上的冰川都分布在这两个自治区，二者冰川数量和冰川面积之和所占比例可达到 87.62% 和 89.67%（Guo et al.，2014）。

表 3-4　中国西部 6 省份冰川统计

地区	冰川数量		冰川面积		冰储量	
	数量（条）	比例（%）	数量（km^2）	比例（%）	储量（km^3）	比例（%）
西藏	21 863	45.01	23 795.78	45.97	1 984.78±61.22	44.17
新疆	20 695	42.61	22 623.82	43.70	2 155.82±116.60	47.97
青海	3 802	7.83	3 935.81	7.60	274.74±0.32	6.11
甘肃	1 538	3.17	801.10	1.55	39.90±1.76	0.89
四川	611	1.26	549.12	1.06	35.02±0.38	0.78
云南	62	0.13	60.45	0.12	3.74±0.07	0.08
总计	48 571	100	51 766.08	100	4 494.00±175.93	100

第六节　横断山冰川资源

横断山分布于西藏东部、四川、云南西部，总面积约为 $50×10^4 km^2$，是中国第一、第二阶梯的过渡地带，也是中国最长、最宽和最典型的南北向山脉。横断山脉由一系列近似南北走向的山脉和河谷地带组成，自西向东主要有伯舒拉岭—高黎贡山，怒江谷地；他念他翁山—怒山，澜沧江谷地；宁静山—云岭，金沙江谷地；雀儿山—沙鲁里山—玉龙雪山，雅碧江谷地；大雪山—锦屏山，大渡河谷地；邛崃山—岷江谷地；岷山。其中，南北向山脉最长处约为 1100km，最短处约为 200km；东西最宽处约为 800km，最窄处约为 100km。山地平均海拔为 4000～5000m，最高峰贡嘎山海拔为 7514m。横断山区河流众多，河川径流资源极为丰富，并且具有水汽通道的作用，有学者称该区为"中国水资源命脉"，主要河流有金沙江、澜沧江、怒江及支流雅碧江、大渡河、沿江、安宁河等，河流下切侵蚀强烈，山坡深谷相接，谷坡陡峭，地貌类型垂直分异明显，滑坡、泥石流时有发生。该区海拔 6000m 以上高峰超过 28 座，海拔 5000m 以上山体占该区总面积的 1/6。众多的山地面积凸出在 4800～5200m 雪线以上。山地冰川的作用正差为冰川发育提供了极为有利的地势条件。同时在海拔 5000m 以上存在一定区域的高夷平面，有利于冰雪保存，为冰川发育提供了宽阔的积累区。

横断山区受湿润的印度季风和东亚季风影响，冰川补给充沛。但由于该区分布着一系列的纵向岭谷，其山脉的屏障作用和幽深谷底的通道作用使降水变化及分布特征十分复杂。该区降水主要集中在夏季。西侧来自印度洋、孟加拉湾的暖湿西南季风在山脉迎风坡被强迫抬升，降水量增加，多有降水量高值闭合中心；翻越一条山脉后气流随山势下沉，降水量减少，多有降水量低值闭合中心。降水量呈现由西南向东北方向递减，同时迎风坡（西南坡）大于背风坡（东北坡）的趋势。东侧受西太平洋的暖湿东南季风影响，降水量呈现由东南向西北方向递减，同时迎风坡（东南坡）大于背风坡（西北坡）的趋势。总体来看，横断山区降水量呈现东西方向多、中部少，并由南向北递减的趋势。降水量的区域差异对横断山雪线高度及冰川的发育和分布有重要影响（李吉均和苏珍，1996）。冰川发育的一个重要条件是低温。该区温度随纬度和海拔的升高而下降，具有明显的地形烙印，该区的高大山体为冰川发育创造了所必需的低温条件。据实测资料和气象站多年平均气温资料，发现该区冰川消融期为 3～11 月，且与冰川补给期一致。由于补给期气温较高，降水中的雨雪比变大，即液态降水增加为冰面带来更多热量，使得冰川进一步加速消融。但同时受降水（云量、云雨活动）的影响，日照时数多少与降水量多寡正好相反，降水过程阻止或减弱了太阳直接辐射所引起的冰川消融。

20 世纪 50 年代以来，我国许多学者陆续对横断山现代冰川和古冰川进行了研究，其中，崔之久（1958）、罗来兴和吕宝善（1979）、杨逸畴等（1982）对贡嘎山乃至川西高原现代冰川、地貌和第四纪冰期的深入研究极大地推动了横断山冰川研究进展。1981 年开始，由中国科学院兰州冰川冻土研究所和兰州大学地理科学专业人员组成的中国科学院青藏高原综合科考队冰川组对横断山冰川、冻土、积雪、古冰川遗迹等进行了历时 4 年的野外调查和定位观测。特别是，对玉龙雪山白水河 1 号冰川、海螺沟冰川、贡巴冰川的冰川温度、冰川运动、冰川厚度、冰川水文进行了监测，尽管时间短，且时断时续，但获取了十分珍贵的历史资料。

横断山脉是中国现代冰川分布的最南部和最东部，尽管横断山脉是中国第二大海洋型冰川分布区，但冰川分布较分散，该区第一次冰川编目完成于 1994 年，主要采用 1：10 万和部分 1：5 万航测地形图。根据第二次冰川编目统计，横断山共有现代冰川 1961 条，冰川面积为 1395.06km²，冰储量为 76.50± 2.41km³，在伯舒拉岭—高黎贡山、大雪山、他念他翁山—怒山分布的冰川面积较大，分别占横断山区冰川总面积的 47.20%、17.70% 和 17.40%，其他各山冰川数量、冰川面积均相对较小，如达古雪山、雪宝顶、四姑娘山、邛崃山地区冰川非常稀少。其中，雀儿山（藏语称卓拉山）是横断山区冰川较为发育的山地，共有大小冰川 30 余条，冰川面积为 8×10⁵km²，仅次于贡嘎山。雀儿山主峰海拔为 6168m，地处 99.1°E，31.8°N。雀儿山西北山脊上距主峰 3km 处是雀儿山 II 峰，海拔为 6119m。雀儿山主峰山体高大，地形复杂，冰川发育完整，攀登难度大。山峰北坡和东南坡谷中分布有两条大型冰川，冰川第三舌部直伸到海拔 4500m 处。四姑娘山隶属横断山脉东北边缘邛崃山系，距离成都 220km，主峰海拔为 6250m，是四川著名高峰之一。其东坡是举世闻名的卧龙国家级自然保护区，西坡是 1996 年被确定为国家级自然保护区的四姑娘山国家级自然保护区，地理区划上属于甘孜藏族州小金县。在四姑娘山主峰附近分布有大小 18 条冰川，冰川面积为 85 400km²（钟伟，2008）。

受地理环境的限制，冰川实地考察困难，现有实地观测的冰川为极少数冰川，且没有较为连续、覆盖整个区域的观测记录和卫星遥感数据，横断山区冰川变化研究存在困难。遥感影像受云、季节性积雪影响较大，横断山区冰川消融期与冰川积累期重合，很难找到冰川消融期末适合解译冰川的影像，并且对解译者的经验要求也很高，因此基于卫星遥感的冰川面积变化研究较少，没有覆盖整个区域或整个区域大部分冰川的研究，更缺少多时段冰川变化的信息。

第七节　中国不同区域冰川变化趋势

为了解中国不同区域冰川的变化情况，参考 Zemp 等（2015）对全球不同区域冰川末端变化的研究。首先，整理和收集中国各山系冰川末端变化数据，建立中国不同山系所有监测冰川末端变化的数据库；其次，以各山系冰川末端变化的算术平均值为该山系冰川末端变化值；最后，为方便对比不同山系间冰川末端的波动情况，将计算结果对应至同一色系图谱，如图 3-9 所示（Che et al.，2017）。

为方便研究，以每个山系中冰川监测起始年份最早的时间和冰川末端位置为该

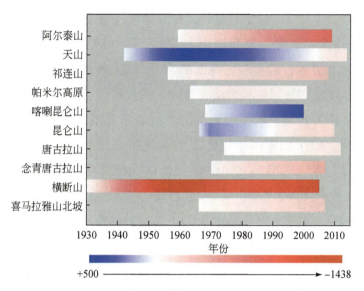

图 3-9　近几十年中国西部不同山系冰川末端变化

图中蓝色表示冰川前进（最大累积前进距离为 500m）；白色表示冰川末端较为稳定（变化距离为 0m）；

红色表示冰川退缩（最大累积退缩距离为 1438m）。每条冰川以其实际年份末端位置为参考

山系冰川末端变化的参考。由图 3-9 可知，阿尔泰山冰川，1959～2009 年[①]平均累积退缩 820m，平均退缩速率为 16.4m/a；天山冰川，1942～2014 年平均累积退缩 112m，平均退缩速率为 1.5m/a（其中，1942～1962 年冰川平均累积前进 500m，之后冰川持续退缩，即 1962～2014 年平均累积退缩 612m）；帕米尔高原地区冰川相对稳定，1963～2001 年平均累积退缩 28m，平均退缩速率为 0.7m/a（其中，1964～1976 年平均退缩速率为 8.2m/a，1976～2001 年平均前进速率为 2.9m/a）。

　　青藏高原地区：祁连山冰川，1956～2008 年平均累积退缩 297m，平均退缩速率为 5.7m/a；喀喇昆仑山冰川，1968～2000 年平均累积前进 379m，平均前进速率为 11.8m/a；昆仑山冰川，1966～2010 年平均累积退缩 177m，平均退缩速率为 4m/a（其中，1966～1970 年平均前进速率为 52.7m/a，1970～1981 年平均退缩速率为 8.9m/a）；唐古拉山冰川，1974～2012 年平均累积退缩 108m，平均退缩速率为 2.8m/a；念青唐古拉山冰川，1970～2007 年平均累积退缩 393m，平均退缩速率为 10.6m/a；喜马拉雅山冰川，1966～2007 年平均累积退缩 252m，平均退缩速率为 6.1m/a；横断山冰川，1930～2005 年平均累积退缩 1250m，平均退缩速率为

---

　　① 冰川退缩以消融期末冰川末端位置计算。

16.7m/a。其中，达古雪山所处的横断山地区冰川退缩距离在1959年达到最大值，相比1930年冰川末端位置，累积退缩1438m；而1959~1982年冰川又累积前进407m，随后，冰川开始持续退缩，到2005年退缩219m（图3-9）。

物质平衡是冰川变化评估最直接有效的方式，其对气候变化异常敏感，由于监测环境的限制，能够开展物质平衡观测的冰川非常有限。基于WGMS冰川数据库和文献资料调研，收集到中国冰川物质平衡观测超过1年以上的冰川共有22条（表3-5）。同时，冰川末端变化也是理解山区气候变化的关键指标（Oerlemans，2005），相对物质平衡观测而言，末端监测较为容易（Cook et al.，2005；Schmidt and Nüsser，2009）。因此，同样基于WGMS冰川数据库和文献资料调研，本书收集了过去80多年以来具有地面观测、地面观测与遥感或地形图相结合研究的冰川信息，共计96条。个别冰川同时具有物质平衡和末端位置记录，二者总计105条冰川。该数据库总结了截至目前中国冰川观测记录的详细信息。表3-5为中国冰川物质平衡或长度变化已有记录，表3-5中Label列中的M表示有物质平衡观测记录的冰川，F表示有末端变化观测记录的冰川；Lon和Lat分别表示冰川位置的经度和纬度；Max-Elev、Min-Elev、MA-Elev分别表示冰面最大高程、最小高程以及中值面积高度。Location（位置）、Lon（°E）、Lat（°N）、Area（面积，km²）、Max-Elev（m）、Min-Elev（m）以及MA-Elev（m）均来自中国第二次冰川编目数据。

表3-5 中国冰川物质平衡或长度变化已有记录一览

位置	代码	冰川名称或二次冰川编目代码	Label	时段	Lon	Lat	Area（km²）	Max-Elev（m）	Min-Elev（m）	MA-Elev（m）
阿尔泰山	1	喀纳斯冰川	F	1959~2009年	87.78°E	49.10°N	26.75	4308.70	2471.80	3273.93
横断山	2	帕隆藏布4号冰川	M	2005~2007年	96.98°E	29.39°N	2.79	5586.00	5047.50	5357.50
			F	1980~2005年						
	3	海螺沟冰川	M	1988~1998年	101.92°E	29.58°N	24.53	7142.80	2979.40	5387.40
			F	1930~1998年						
	4	白水河1号冰川	F	1957~2002年	100.19°E	27.10°N	1.28	5047.10	4395.80	4833.8
	5	明永冰川	F	1932~2002年	98.70°E	28.43°N	12.38	6400.50	3028.50	5238.50
	6	德穆拉冰川	M	2006~2010年	97.02°E	29.36°N	0.37	5443.20	5177.70	5312.70
	7	帕隆藏布94号冰川	M	2005~2014年	96.98°E	29.39°N	2.79	5586.00	5047.50	5357.50
喜马拉雅山	8	中绒布冰川	F	1966~2004年	86.83°E	28.05°N	77.09	7980.10	5162.90	5950.83
	9	东绒布冰川	F	1966~2004年	86.93°E	28.05°N	41.73	7551.20	5607.00	6429.21

位置	代码	冰川名称或二次冰川编目代码	Label	时段	Lon	Lat	Area (km²)	Max-Elev (m)	Min-Elev (m)	MA-Elev (m)
喜马拉雅山	10	抗物热冰川	M	1991~2010 年	85.82°E	28.47°N	1.87	6101.00	5716.60	5901.32
			F	1976~2001 年						
	11	达索普冰川	F	1968~2007 年	85.75°E	28.39°N	25.04	7416.40	5586.40	6490.97
	12	纳木那尼冰川	M	2005~2010 年	81.28°E	30.45°N	4.92	7556.80	5664.20	6702.20
喀喇昆仑山	13	5Y654D42	F	1976~2000 年	76.28°E	35.95°N	5.68	6448.10	4970.40	5651.40
	14	5Y654D48	F	1976~2000 年	76.28°E	35.86°N	182.54	7239.50	4094.40	5413.40
	15	5Y654D53	F	1968~2000 年	76.10°E	36.08°N	365.20	6981.50	3973.10	5379.10
	16	5Y654D77	F	1968~2000 年	76.30°E	36.12°N	11.92	6243.30	4665.30	5465.30
	17	5Y654D78	F	1968~2000 年	76.30°E	36.12°N	—	—	—	—
	18	5Y654D97	F	1976~2000 年	76.12°E	36.18°N	19.69	6441.10	4677.20	5695.20
	19	5Y654C81	F	1976~2000 年	77.42°E	35.54°N	31.07	6244.80	5323.30	5741.61
	20	5Y654C92	F	1976~2000 年	77.31°E	35.56°N	39.55	6585.20	5021.30	5691.30
	21	5Y654C116	F	1976~2000 年	77.18°E	35.59°N	94.70	7185.70	4759.20	5591.83
	22	5Y654C128	F	1976~2000 年	77.05°E	35.62°N	110.77	7392.60	4528.50	5542.28
	23	5Y654C145	F	1976~2000 年	76.90°E	35.66°N	82.90	7193.00	4407.80	5521.80
	24	5Y654C163	F	1976~2000 年	76.63°E	35.79°N	108.53	7962.20	4231.50	5715.06
	25	5Y653K72	F	1976~2000 年	77.42°E	35.50°N	71.67	6564.90	5231.30	5761.03
	26	5Y653Q185	F	1976~2000 年	76.81°E	36.01°N	3.20	6326.70	5093.20	5813.20
昆仑山	27	哈龙冰川	F	1966~1981 年	99.49°E	34.76°N	20.61	6220.10	4566.60	5216.60
	28	马兰冰川	F	1970~2000 年	90.61°E	35.83°N	47.46	5789.10	5004.50	5545.38
	29	慕孜塔格冰川	M	2005~2010 年	75.06°E	38.24°N	1.09	5935.00	5237.10	5584.10
			F	2002~2010 年						
	30	5Y641F49	F	1970~2001 年	81.39°E	35.39°N	41.89	6341.60	5457.10	5979.10
	31	5Y641F70	F	1970~2001 年	81.25°E	35.43°N	38.53	6605.30	5257.50	6176.50
	32	5Y641F73	F	1970~2001 年	81.22°E	35.46°N	26.20	6597.00	4721.10	6109.77
	33	5Y641H67	F	1970~2001 年	80.57°E	35.53°N	44.20	6453.10	5289.10	6048.10
	34	5Y641F46	F	1970~2001 年	81.48°E	35.35°N	84.97	6739.70	5366.80	5962.80
	35	5Y641H74	F	1970~2001 年	80.46°E	35.51°N	128.39	6441.80	5254.60	5993.91
	36	5Y641G38	F	1970~2001 年	80.86°E	35.47°N	91.07	6653.50	5154.70	6193.18
	37	5Y641F98	F	1970~2001 年	81.10°E	35.48°N	61.91	6673.40	4920.50	6146.50
	38	5Y641G55	F	1970~2001 年	80.73°E	35.38°N	201.79	6714.00	4896.40	6090.34
	39	5Y641F85	F	1970~2001 年	81.16°E	35.43°N	82.31	6829.60	5032.40	6187.36

位置	代码	冰川名称或二次冰川编目代码	Label	时段	Lon	Lat	Area（km²）	Max-Elev（m）	Min-Elev（m）	MA-Elev（m）
昆仑山	40	5Y641F63	F	1970~2001年	81.29°E	35.39°N	136.98	6731.40	5132.60	6137.37
	41	5Y641G23	F	1970~2001年	80.95°E	35.41°N	238.96	6857.00	4730.40	6159.39
	42	煤矿冰川	M	1988~1995年 1996~2001年	94.18°E	35.67°N	1.05	5504.70	4839.60	5275.60
	43	崇测冰帽	M	1997~1998年	81.10°E	35.32°N	166.08	6836.30	5305.30	6151.30
念青唐古拉山	44	雅弄冰川	F	1980~2001年	96.66°E	29.33°N	179.59	6341.90	3969.10	5186.10
	45	阿扎冰川	F	1980~2001年	96.82°E	29.13°N	13.51	5482.80	2459.20	3524.40
	46	5O282B123	F	1980~2001年	96.27°E	29.48°N	21.27	5454.50	4009.60	4729.60
	47	5O282B136	F	1980~2001年	96.22°E	29.52°N	12.05	5260.00	3946.20	4696.20
	48	拉弄冰川	F	1970~2007年	90.55°E	30.42°N	7.52	6371.00	5410.60	5871.60
	49	爬努冰川	F	1970~2007年	90.52°E	30.39°N	13.46	6371.30	5386.50	5885.32
	50	西布冰川	F	1970~1999年	90.60°E	30.39°N	29.13	7087.60	5228.40	5846.81
	51	扎当冰川	M F	2005~2008年 1970~2007年	90.64°E	30.47°N	1.54	6061.40	5540.10	5686.07
	52	5O270C49	F	1970~2007年	90.58°E	30.36°N	0.43	6680.00	5742.40	6004.40
	53	古仁河口冰川	M F	2005~2010年 1974~2006年	90.24°E	30.21°N	5.17	6219.30	5482.80	5881.14
	54	枪勇冰川	F	1975~2001年	90.22°E	28.86°N	6.25	6607.50	5098.20	6007.20
	55	24K	M	2007~2008年	95.73°E	29.76°N	6.08	5621.30	3899.20	4685.20
	56	帕隆藏布10号冰川	M	2005~2009年	96.90°E	29.29°N	4.43	5641.70	4913.10	5288.10
	57	帕隆藏布12号冰川	M	2005~2010年	96.90°E	29.30°N	0.23	5376.60	5144.00	5219.00
	58	中习冰川	M	2007~2010年	91.45°E	30.87°N	1.60	—	—	—
帕米尔高原	59	5Y663E14	F	1963~2001年	75.09°E	38.25°N	19.92	7243.00	4423.50	5806.50
	60	5Y663E1	F	1963~2001年	75.11°E	38.32°N	9.16	7143.60	4506.00	5439.00
	61	5Y663E8	F	1963~2001年	75.09°E	38.29°N	9.25	7448.00	4263.40	6059.40
	62	5Y663D87	F	1963~2001年	75.18°E	38.26°N	80.87	7519.70	3913.50	4918.54
	63	5Y663B7	F	1963~2001年	75.46°E	38.63°N	13.90	5810.70	3670.20	4749.20
	64	5Y662D35	F	1964~2001年	75.34°E	38.56°N	93.43	7561.40	3077.90	4654.46
	65	5Y656I27	F	1976~2001年	75.18°E	38.17°N	7.95	6291.40	4603.90	5363.90
	66	5Y656I22	F	1976~2001年	75.12°E	38.18°N	1.70	6096.60	5264.60	5618.60
	67	5Y663D24	F	1963~2001年	75.35°E	38.38°N	3.96	5776.30	4784.10	5101.10
	68	5Y663D36	F	1963~2001年	75.44°E	38.25°N	9.96	5491.40	4706.50	5011.83
	69	5Y663B25	F	1963~2001年	75.25°E	38.62°N	115.38	7575.20	2817.60	4559.57

续表

位置	代码	冰川名称或二次冰川编目代码	Label	时段	Lon	Lat	Area (km²)	Max-Elev (m)	Min-Elev (m)	MA-Elev (m)
祁连山	70	老虎沟 12 号冰川	M	1975~1976 年	96.54°E	39.44°N	20.42	5445.90	4299.60	4971.60
			F	1957~2005 年						
	71	七一冰川	M	1974~2010 年	97.76°E	39.24°N	2.53	5114.70	4323.70	4809.70
			F	1956~2008 年						
	72	宁缠河 3 号冰川	F	1956~1976 年	101.82°E	37.51°N	1.22	4753.40	4165.50	4517.50
	73	宁缠河 4 号冰川	F	1956~1976 年	101.81°E	37.52°N	1.20	4821.80	4237.40	4541.40
	74	宁缠河 7 号冰川	F	1956~1976 年	101.80°E	37.53°N	0.62	4773.80	4311.90	4562.90
	75	水管河 1 号冰川	F	1956~1976 年	101.79°E	37.53°N	0.36	4681.50	4217.40	4472.40
	76	水管河 2 号冰川	F	1956~1976 年	101.77°E	37.53°N	2.79	4900.90	4124.10	4460.10
	77	水管河 3 号冰川	F	1956~1976 年	101.76°E	37.53°N	1.34	4895.60	4202.80	4440.80
	78	水管河 4 号冰川	M	1962~1963 年	101.75°E	37.54°N	1.44	4918.40	4262.10	4578.10
			M	1975~1977 年						
			F	1956~1976 年						
	79	老虎沟达坂冰川	F	1956~1976 年	101.74°E	37.55°N	1.38	4839.90	4286.70	4540.70
	80	什邡河 2 号冰川	F	1956~1977 年	98.61°E	39.15°N	2.40	5232.80	4154.40	4875.35
	81	大海子 4 号冰川	F	1956~1977 年	98.60°E	39.23°N	0.95	4919.10	4283.80	4603.18
	82	雅垄河 1 号冰川	F	1956~1976 年	98.57°E	39.23°N	4.08	5406.70	4291.10	4817.10
	83	雅垄河 5 号冰川	M	1976~1979 年	98.56°E	39.24°N	1.24	5229.80	4453.20	4839.20
			F	1956~1976 年						
	84	雅垄河 9 号冰川	F	1956~1977 年	98.57°E	39.27°N	0.04	4665.70	4457.50	4584.50
	85	雅垄河 11 号冰川	F	1956~1977 年	98.57°E	39.27°N	0.03	4805.70	4587.40	4736.40
	86	三叉沟冰川	F	1956~1977 年	98.53°E	39.19°N	0.10	5178.90	4836.90	5058.90
	87	西素珠链冰川	F	1956~1977 年	98.55°E	39.19°N	1.87	5514.50	4443.80	5079.80
	88	东素珠链冰川	F	1956~1977 年	98.56°E	39.20°N	4.44	5485.50	4350.80	5026.80
	89	瓦乌斯 11 号冰川	F	1956~1975 年	98.27°E	38.69°N	0.38	5086.00	4525.10	4810.10
	90	黑达坂沟 1 号冰川	F	1956~1977 年	98.93°E	39.17°N	0.02	4557.10	4441.40	4515.40
	91	老虎沟 20 号冰川	F	1962~1976 年	96.47°E	39.49°N	1.08	5105.50	4651.70	4931.70
唐古拉山	92	小冬克玛底冰川	M	1988~2010 年	92.06°E	33.08°N	15.97	6074.80	5280.90	5666.90
			F	1991~2012 年						
	93	大冬克玛底冰川	M	1992~1993 年	92.13°E	33.17°N	—	—	—	—
			F	1991~2001 年						
	94	普若岗日冰川	F	1974~2000 年	89.07°E	33.91°N	0.15	6009.80	5725.30	5895.30

续表

位置	代码	冰川名称或二次冰川编目代码	Label	时段	Lon	Lat	Area (km²)	Max-Elev (m)	Min-Elev (m)	MA-Elev (m)
天山	95	乌鲁木齐河源 1 号冰川	M F	1958~2015 年 1962~2014 年	86.81°E	43.11°N	1.58	4446.70	3766.10	4031.87
	96	黑沟 8 号冰川	F	1962~2009 年	88.36°E	43.78°N	6.08	5208.10	3401.40	4239.40
	97	四工河 4 号冰川	F	1962~2009 年	88.32°E	43.83°N	2.64	4323.30	3657.40	3955.40
	98	青冰滩 72 号冰川	F	1964~2009 年	79.89°E	41.78°N	6.60	5707.60	3792.20	4593.20
	99	科其卡尔冰川	F	1942~2004 年	80.11°E	41.80°N	86.88	5652.70	3000.80	4404.80
	100	哈希勒根 51 号冰川	F	1964~2001 年	84.39°E	43.73°N	1.10	3903.40	3494.50	3631.50
	101	庙尔沟冰川	F	1972~2005 年	94.32°E	43.05°N	2.00	4505.90	4144.60	4316.22
	102	青冰滩 74 号冰川	F	1964~2009 年	79.93°E	41.78°N	9.21	5679.90	3850.00	4353.04
	103	5Y725D5	F	1962~2006 年	88.31°E	43.81°N	7.81	5428.60	3532.60	3937.60
	104	5Y674E15	F	1964~2009 年	80.55°E	41.96°N	32.08	5433.10	3476.70	4405.70
	105	5Y673P37	F	1964~2009 年	79.99°E	41.93°N	363.19	7033.00	2890.00	4480.93

|第四章| 达古雪山冰川发育条件及空间分布

达古雪山地处青藏高原东缘，与雪宝顶一起构成了中国最东缘的现代冰川分布区。该区系四川盆地西北缘山地向高原过渡的高山峡谷地带，冰川以小型冰斗或坡面冰川为主。由于距川渝近域客源市场较近，该区已成为继玉龙雪山、贡嘎雪山之后第三大冰川旅游目的地。

第一节　区位交通

达古冰川风景名胜区（32°12′N ~32°17′ N，102°44′E ~102°52′ E）位于达古雪山，四川盆地向青藏高原的过渡地带，地处青藏高原东缘岷山山脉与邛崃山脉复合部交汇带上。该区是中国海洋型冰川最东北部的分布区（图4-1）。达古冰川公园由一个典型且保存完整的现代冰川与"古冰川"遗迹系统组成，以冰川及其遗迹景观为主，由达古冰川公园、达古河"U"形谷（海拔3200 ~3800m）、红柳滩、鸿运坡"U"形谷及海拔4850 ~5100m 的现代冰川及其雪峰、山脊等组成。行政区划隶属四川省阿坝藏族羌族自治州黑水县，位于黑水县城西北方向20km的区域，距马尔康市175km，距成都市300km，距九寨沟国家级自然保护区280km（图4-1）。

达古雪山周边嘉绒藏族、安多藏族和羌族等多民族融合，多文化共存，旅游发展潜力巨大。达古冰川风景名胜区北临松潘县，西接红原县、马尔康市，南临理县，东靠茂县，是阿坝藏族羌族自治州的重要交通枢纽，区位优势明显（图4-1）。区内交通条件较好，主要有 G213、G212、G317 环绕附近，连接城乡社区。此外，2013 年底阿坝红原机场试飞运行，阿坝红原机场距离达古冰川风景名胜区约70km，同时达古冰川风景名胜区紧邻雅克夏国家森林公园，地理位置较为优越，交通相对便捷，是中国西部距中心城市最近、可进入性最强的现代冰川景区之一。

图 4-1　中国海洋型冰川区分布与达古冰川空间位置

第二节　地形地貌

　　达古雪山地处青藏高原东缘岷山山脉和邛崃山脉复合部交汇带上，雄峙于四川省阿坝藏族羌族自治州黑水县中西部，系四川盆地西北缘山地向高原丘陵过渡的高山峡谷地带，地势由东向西呈升高趋势。阿坝藏族羌族自治州东北部岷山山脉呈西北—东南走向，自若尔盖和九寨沟县域之间横贯松潘东北部，是岷江、涪江、白龙江及黄河支流黑河的分水岭（图 4-1）。这里冰川资源丰富，自然景观奇特，是开展冰川旅游和科学研究的良好场地。达古雪山海拔 3800~5273m，主峰海拔 5273m，位于 102°45′E，30°59′N，雪山的北坡和南坡曾发育有厚 60~200m 的现代山地冰川，是第四纪冰川最盛时期的一处大型平顶冰川，现代达古冰川仅是冰川消融后残留的极小部分。境内地势西北高东南低，平均海拔 4045m。地形起伏较大，山脊狭长陡峻，山坡陡峭，坡度多在 30°~50°，山高谷深，相对高差达 2764m。

　　达古雪山所在区域处于松潘–甘孜褶皱带最南端的丹巴背斜，而达古冰川风景名胜区所处位置构造相对简单，主要有褶皱、断层等中小型构造。达古冰川风景名胜区地貌景观类型以沟谷、冰川地貌等为主。沟谷主要为山体上升切割形成的峡谷。在河流作用形成的河谷中，较大的河流为达古河，位于冰川"U"形谷中，夏季雪冰消融严重，河水水位较高，流速较大。现代冰川地貌主要分布于4500m高度的羊拱山及其谷肩地带，随着全球气候变暖，冰川侵蚀作用和消融退缩后的粒雪盆、冰斗以及冰蚀洼地变成了现在的冰川湖泊，如东措日月海（最大）、仙女湖（东措日月海东北侧，两个独立湖泊组成）、泽娜措（人工河道改造湖）、银措海、金猴海、达古湖（月牙形）等，成为景区景观的重要组成部分。冰川"U"形谷高度为50～150m，包括达古河、鸿运坡、红柳滩等"U"形谷。"U"形谷口发育有冰水扇，包括红柳滩冰水扇、情人坡冰水扇等。冰川漂砾广泛分布于海拔3500～5000m的区域。其中，海拔3600～3700m的鸿运坡是第四纪时期冰瀑布消退后出露的冰川漂砾群；羊背石分布在索道上部站和下部站之间，其中比较典型的是羊拱山海拔4300m处分布着体形不一的羊背石群。

第三节　气候与冰雪资源

达古雪山所在的黑水县属于季风高原型气候，四季温差较大，气温年较差小，日较差大。年平均气温为4.40℃，7月平均气温为12.80℃，1月平均气温为−5.30℃。冬季漫长，可达7个月，而山体积雪时间长达10个月，且冬季日照充足。夏季相对短暂，降水集中，年降水量为800～1200mm，季节分配不均衡。同时，降水日变化差异较大，多以夜间降水为主，夜间降水占全年总降水量的70.2%。此外，海拔5000m以上山区，终年积雪不化，是黑水县的冻原带。无霜期常年为166天，最长可达209天，最短131天；冻土期持续时间为114天。

按纬度地带性分异规律，达古雪山高大的山体和巨大的垂直落差，使光、热、水等条件在垂直方向发生重组，特征明显，最终使山体形成不同的气候带，造就了相对完整的植被垂直带，自下而上依次分布有落叶阔叶林、针阔混交林、亚高山暗针叶林、高山针叶林、高山灌丛、高山草甸、高山流失滩、高山冻土冰原[①]。秋季，多样化的植被带演变出各种色彩，形成一道壮丽的景观——彩林，成为达古冰川旅游的一大特色。

---

① 达古冰川风景名胜区植被的垂直分布资料来自达古冰山官方网站。

　　达古冰川是达古冰山国家地质公园核心区的冰川地貌景观之一，也是中国纬度分布最北的海洋型冰川（图4-2）。据中国科学院考察报告（康尔泗等，2004），达古雪山分布着11条现代山地冰川，最长为1600m，最短500m，其中17号冰川最为壮观，是整个景区的灵魂所在。17号冰川呈月牙形，面积为1.1km²，冰川前缘有褶皱状累积的线状纹理（即冰川弧拱），像树木年轮一样，线条清晰而美丽，与冰川前缘的冰蚀湖交相辉映（附图2和附图3）。这些现代冰川与岷山主峰雪宝顶的1条现代冰川遥遥相望，共同构成了中国乃至亚洲最东缘的现代冰川分布区。此外，自第四纪以来，达古雪山在冰川的作用下发育有众多冰碛地貌、冰蚀地貌和冰水堆积地貌，构成了一个自然完整的冰川地貌博物馆，具有很大的旅游开发价值。

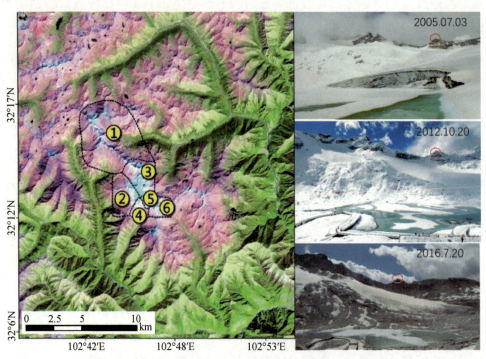

图4-2　达古雪山区位、冰川分布与冰川公园冰川景观变化

①~⑥为分区

　　达古雪山山顶常年积雪，气势磅礴，由于积雪冻融、再结晶过程形成了永久性积雪和现代冰川，北坡和南坡均广泛分布有现代冰川。积雪和冰川融水为达古雪山的植被发育、成长提供了充足的水源，同时该区日照充足，良好的水热条件使区内

形成稳定的植被生态系统，被誉为"天然氧吧"。相关研究表明，山体植被分布的区域海拔为 2700～4600m，季节性积雪主要分布于海拔 3800～4700m，冰川区积雪主要分布于海拔 4500～4700m。极高的海拔、复杂的地形以及丰富的冬春季降水，使该地区现代冰川较为发育（图4-3）。

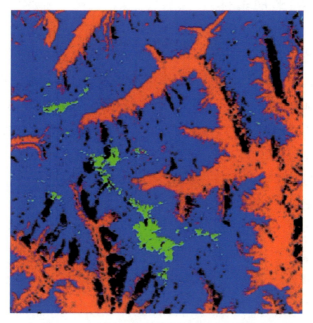

图4-3　达古雪山积雪覆盖范围雷达影像分布

绿色区域表示永久性积雪区；蓝色区域表示季节性积雪区域最大范围；

红色区域表示植被区；黑色区域表示雷达图上的叠掩、阴影区

第四节　现代冰川发育条件

冰川是地表积雪经过长期积累、变质、压缩，并在重力作用下流动的冰体。冰川发育的物质条件是固态降水，而保证固态降水在一年以上不被完全融化，即较低的气温，则是冰川的环境条件。区域地理环境对降雪过程、雪的积累过程和地表能量交换，即能量平衡过程，产生较大影响。一个地区能否发育冰川，主要取决于地形、地势（海拔）以及气候相结合的相互作用。当山地高度达到冰川平衡线以上，具备相当程度的低温和固态降水时，降雪开始积累，当年复一年的雪积累起来并逐渐变成冰川冰，一定厚度的冰川冰在自重与塑性形变下缓慢流动时才能形成真正意义上的冰川。因此，气温、降水和区域地理背景是冰川形成、发育的主要影响因素

(秦大河，2017)。冰川上部以积累为主，下部以消融为主，其间存在一个积累与消融量相当的界线，称为平衡线（有时亦称雪线）。这就是山地冰川发育的一般模式，那么达古雪山地区冰川发育的条件如何呢？

一、冰川发育的地形条件

地形条件是冰川形成和发育的条件之一，但不是决定性条件。例如，南极和北极地区陆地不大，接近海平面，但由于常年低温和降雪的积累，也可以形成冰川。不过，在大多数地方，对于山地冰川而言，特别是中低纬度地区的山地冰川，地形与地势是决定冰川形成、发育以及冰川形态、规模和性质的重要条件。如果山地的海拔较低，低于当地的雪线高度，则不能形成冰川。如果山地的海拔高于当地的雪线高度，但山势过于陡峻，冰雪无法积累，也不能形成冰川。冰川的形态如何取决于雪线以上的地形和地势。如果雪线以上山地为平缓山顶面，则可能形成平顶冰川或冰帽；如果山脊高出雪线 300～500m，则可能形成中小型规模的冰斗冰川或悬冰川；如果山脊高出雪线千米以上，则可能形成大型山谷冰川。此外，山地和谷地的走向与坡向也会影响冰川的形成和形态。达古雪山地处青藏高原东缘，地势由西向东南倾斜，主山脊走向由西北向东南延伸，长 18～20km，高度多在海拔 4900m 以上。其中，海拔 5000m 以上山峰有 5 座（沿主山脊线由西北向东南，海拔分别为 5163m、5273m、5056m、5176m 和 5030m），主峰为 5273m，是达古雪山的最高峰（图 4-4）。根据《中国冰川编目（Ⅷ）——长江水系》(蒲健辰，1994)，该区现代冰川平衡线在海拔 4920～5000m。

由此可知，达古雪山山地海拔高出雪线 300～350m，山地的冰川作用正差虽然不大，但也为中小规模冰川的发育和维持提供了有利的地势条件。地形坡度和地势为冰川形成和发育提供降雪积累条件。达古雪山地形切割缓慢，地势相对平缓，且主山脊以上山地多为此类地形，特别是 5163m 峰和 5176m 峰沿主山脊两侧地势较为开阔，平缓的山原地形有利于冰雪停积，为该区冰川的发育提供了必要的积累条件。另外，该区为青藏高原的边缘山地，新构造运动强烈，河谷纵向切割较强，谷地幽深，也有利于冰雪储存和积累，因此，冰川发育过程中冰舌一般可以延伸至较低海拔区域（图 4-4）。

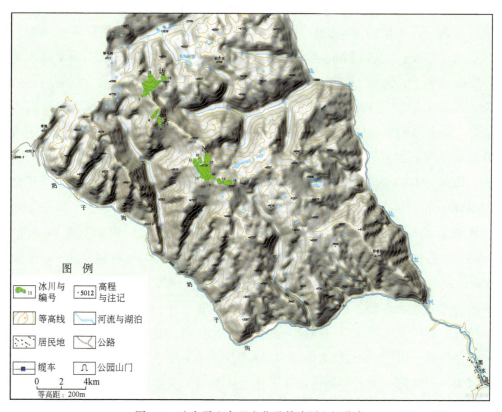

图 4-4　达古雪山高程变化及其冰川空间分布

二、冰川发育的气候条件

从气候学角度分析，形成冰川的有利条件是较低的气温和丰富的固态降水，特别是夏季的低温，这样才有可能使固态降水不仅不被完全消融，而且每年不断积累。

（一）冰川发育的补给条件

冰川补给主要来源于大气固态降水，一定数量的降雪是冰川形成和发育的物质基础。达古雪山地区气候上属亚热带季风高原型气候，干湿季分明，日照充足，气温年较差小，日较差大，夏无酷暑，冬无严寒。观测表明，黑水县是阿坝藏族羌族自治州降水最多的地区之一，多年平均降水量达 821mm，夏半年 5～10 月降水占全年总降水量的 85%以上。这既是冰川的主要补给期，也是冰川的消融季节。根据对横断山降水梯度的观测研究（苏珍等，1983），山区降水量随海拔的升高而不断增加，到一定高度后又减少，从非冰川区过渡到冰川区降水量又有所增加。例如，贡嘎山东坡，大渡河谷的泸定海拔1321m处气象站观测记录表明年降水量为651.7mm；向上，海拔1600m的磨西年降水量为993.1mm；海拔3000m的海螺沟气象站年降水量为1938mm。这说明降水量在海拔3000m以下随海拔的升高而不断增加，海拔3000m左右为第一最大降水带。但海拔3000m以上降水量随海拔的升高而减少，如对海拔3600m与3000m的短期对比观测发现，在17天的观测期间，海拔3600m的降水量比海拔3000m少18.8mm。根据对海螺沟冰川平衡线高度5000m位置的短期对比观测发现，冰川积累区的降水量明显大于海拔3600m的降水量。基于冰川积累区冰雪剖面推算的海螺沟冰川积累区年降水量在3000mm左右，而利用水量平衡方法推算的海螺沟冰川积累区年降水量在3600mm左右。因此，可推断横断山海拔5000m以上的冰川积累区还应有第二最大降水带（李吉均和苏珍，1996）。由上述结果可知，山区两个降水带的出现是合理的。此外，第一最大降水带一般出现在中山森林带。达古雪山地区海拔2200~3600m为森林分布带，海拔2400m处年降水量达821mm，鉴于无观测资料对比，估计山区第一最大降水带的年降水量还不止上述数值。实测数据显示，达古雪山冰川区2017年降水量为2000~3500mm。

（二）冰川发育的温度条件

在冰川发育过程中，气温要素至关重要。若气温达不到冰雪形成的低温条件，则冰川是不可能形成的。冰川区年平均气温比邻近地区自由大气中相应高度的年平均气温低，这是由于冰川消融吸收了大量热量。对于横断山冰川来说，冰川面积较小，冰温较高，因此对大气的冷却作用不大。雪线附近年平均气温是反映冰川发育的一般热量指标，在该区的冰川研究中，考虑到气温资料缺乏，可以利用周围气温资料以及高空气温资料和地面观测资料通过气温梯度推算，估算结果见表4-1。可以看出，横断山冰川雪线处的气温一般在-5.7~-3.3℃，比大陆型冰川雪线处的气温偏高7℃左右，但与藏东南的海洋型冰川和欧洲的阿尔卑斯山冰川雪线的年平均气温相近（李吉均和苏珍，1996）。海洋型冰川雪线附近年平均气温虽然较大陆型冰川高，但由于降水丰富，也能发育冰川。

表 4-1　横断山脉主要山体冰川估算年平均气温

山体冰川	冰川末端		顶峰		雪线	
	高度（m）	年平均气温（℃）	高度（m）	年平均气温（℃）	高度（m）	年平均气温（℃）
雪宝顶	4800	-4.5	5588	-9.3	5000	-5.7
玉龙雪山	4100	1.6	5596	-8.9	4800	-3.3
梅里雪山	2740	9.8	6740	-19.2	4800	-4.0
贡嘎山	3900	0.98	7514	-16.4	5000	-4.3

依据我国各现代冰川区雪线附近年降水量与年平均温度，推算出我国雪线附近降水（h）与气温（t）的关系式：$t = -178.4h^{-0.477}$，相关系数为 0.926。利用系式计算出我国冰川发育所需的水热条件，当雪线附近全年平均气温在 -20℃ 以下时，即使降水量不足 100mm，也能发育冰川；而当雪线附近全年平均气温在 -4℃ 以上时，每当气温上升 1℃，降水量在 2500mm 的基础上成倍增加才有可能发育冰川。经计算，雪宝顶冰川末端年平均气温为 -4.50℃，顶峰年平均气温为 -9.30℃，冰川雪线附近的年平均气温为 -5.70℃（李吉均和苏珍，1996）。中低纬度冰川通过高大山体造成的低温条件来保存积雪而发育冰川。在达古雪山冰川区，虽然基部黑水河河谷地处亚热带气候区，似乎对冰川发育不利，但高大山体以其高海拔为冰川发育创造了所需的低温条件。例如，河谷海拔 2400m 处多年平均气温为 9.10℃，最高气温为 17.6℃，最低气温为 3.7℃，全年各月均为正温。随着海拔上升，气温逐渐降低。在达古雪山 5K621G17 号冰川海拔 4800m 架设的自动观测气象站观测结果表明，除夏季（6~8 月）外，其余各月平均气温均在 0℃ 以下，由此可以看出，高大山体为冰川发育创造了低温条件。达古雪山冰川平衡线附近气象站数据显示（海拔 4920~5000m），年平均气温为 -5.7 ~ -5.1℃。达古雪山 5K621G17 号冰川索道上部气象站记录的冰川平衡线处（4960m）年平均气温为 -1.25℃，6~8 月平均气温为 4.20℃。

综上所述，达古雪山具有现代冰川发育的地形、地势条件，以及比较丰富的固态降水，加之山地的高海拔以及较为平缓的山顶，这为冰川发育提供了所需的冰雪积累场地和低温环境，因而该区山地冰川得以发育，成为中国最偏东重要的海洋型冰川区之一。

第五节　冰川的主要物理特性

按冰川消融物理特性将中国冰川划分为大陆型冰川和海洋型冰川两大类，前者又分为极大陆型冰川和亚大陆型冰川。根据冰川发育条件，达古雪山冰川属季风海洋型冰川，该区冰川发育在亚热带季风海洋型气候区，平衡线高度年降水量在1350mm以上，夏季平均气温在1～5℃，符合海洋型冰川的水热条件。另外，冰川的主要物理特征根据以下表现，同样符合海洋型冰川特征。

一、成冰作用

冰川是高寒地区多年降雪积累，经变质作用而形成的自然冰体。我们把由积雪到冰川冰的演变称为成冰作用。雪是一种易变物质，从它降落到地面之时起，便开始不断演变，雪花的晶体形态和大小也逐渐改变。经过等温变质作用、温度梯度变质作用、消融冻结变质作用，雪晶变成了完全丧失晶体特征的圆球状雪粒，这就是形成冰川的基本"原料"，称为粒雪。上述过程称为粒雪化，需要相当长的时间才能完成。此后便进入冰川的成冰过程，即从粒雪变成冰川冰的过程。成冰过程的时间长短不一，与温度条件和粒雪层的厚度有关。山地冰川一般从上源粒雪往下降至冰舌末端，高差几百米至几千米。因此，各地冰川的成冰过程各不相同，在冰川上相应显示出明显的垂直分带性。

因为达古雪山的绝对海拔不高，加之该区为季风海洋型气候，同时根据对贡嘎山海螺沟冰川和玉龙雪山白水河1号冰川的观测，达古冰川的成冰带相对高度不大，仅为100～300m，所以成冰带谱比较简单，主要为暖渗浸冻结成冰，在冰川平衡线附近，可能还存在附加冰带。冰川带对气候变化十分敏感。随着气温的升高，达古雪山冰川带谱也将发生显著变化。达古雪山冰温较高，由于融水的产生，雪层发生融化再冻结，称为暖型成冰作用。

二、冰川补给类型

国际上传统的物质平衡研究，以冬季降雪为主的西风环流补给的欧洲及北美山地冰川最多。达古雪山地处季风高原型气候区，每年 5～10 月的夏半年降水占全年降水量的 85% 以上。由此看出，这与典型的西风补给冰川是完全不同的。虽然该区所处纬度较低，受季风影响较强烈，冰川消融期长于大陆型冰川，而且冰川的消融强度也远大于大陆型冰川，但受季风环流带来的丰沛的夏季降水影响，该区冰川物质平衡仍呈现出强积累强消融特征。

三、冰温特征

季风海洋型冰川区降水丰富，气候较温和，一般冰川的主体冰层温度低于融点。冰川消融区表层，由于冬季遇冷失热，冰层温度会降到融点以下，制冷效应向下传递。通常，此效应夏季会被冰面的快速升温所抵消，但在冰川粒雪区，由于粒雪层有融水下渗和再冻结，反而不容易被抵消。但冰面却有所不同，冰的透水性差，热传导的效率低，冰面温度不可高于 0℃，致使冰层内温度梯度不大，且太阳辐射穿透冰层深度有限。冰面接受的热量用于提高冰面温度至 0℃ 后，剩余热量将用于融冰作用。因此，冰川上该层冰的热量容易损耗，而热传递效率相对较低，使得夏末冰体内仍有可能保留部分低于融点的冰（施雅风，2000）。对于上述情况，中国科学院青藏高原综合科学考察队在横断山中段贡嘎山冰川观测中证实了这一现象，大贡巴冰川消融区裸露冰层表面 2m 以下活动层仍存在低于融点温度的冰层（李吉均和苏珍，1996）。经 2017 年实测，达古雪山冰川 1～8m 冰层温度为 -0.029～0.28℃，接近压融点。

四、冰川运动特征

冰川是一种运动的自然冰体，这也是冰川冰有别于其他自然冰体最主要的标志。冰川运动不断把积累区物质输送给消融区，而消融区的物质损耗也靠冰川运动得以补充。冰川冰是多晶固体，不是刚体，也不是完全的塑性体，而是一种黏塑性体。由于重力作用，冰川冰发生塑性变形，或称蠕变，冰川慢慢地向下流动（蠕动），这是冰川运动的机理之一。另外一种是冰川的冰体在重力作用下产生滑动，包括冰层滑动和基层滑动。冰层滑动产生于冰川各冰层之间，基层滑动产生于冰川底部冰层和冰床岩层之间。冰川在重力作用下发生的蠕动和滑动，使其沿着山体斜坡岩床缓慢向下运动，如果冰川的底冰与岩床冻结在一起，则冰川冰面运动速度超过底部，使冰川产生差别运动。冰川在整个运动过程中，各个地段的运动速度是不一样的。在冰川的纵剖面上，冰川运动速度最快的地方在雪线附近；在冰川的横剖面上，冰川运动速度最快的地方在冰川中心线附近，冰川运动速度从中心线向左右两侧逐渐减缓；在冰川的垂直剖面上，冰川运动速度最快的地方在冰川上层，随着冰川深度的增加，流速也逐渐减缓。

达古雪山冰川由于冰温高，冰川补给量较大，冰川运动较为活跃。该区冰川运动速度要比同等规模的大陆型冰川快。

第六节　冰川分布及其变化趋势

一、冰川数量和形态类型

中国第一次冰川编目从开始至完成，直至第二次冰川编目启动，已经过 30 多年，期间由于计算机技术、遥感技术的广泛应用，众多学者提出中国冰川编目也应进一步深入和提高。第一次冰川编目所用航片、大比例尺地形图等资料，时间大多为 20 世纪六七十年代，数据处理和解译工作多为手工操作，数据、图表等资料并非电子文档，而是纸质材料，不便于校对和存档，为此提出将第一次冰川编目所有数据、图表等重新修订，并全部进行资料重新归类存档。因此，这里所用资料都是修订过的，有些数据和第一次冰川编目略有不同。据早期统计，达古雪山分布有现代冰川 13 条，冰川总面积为 4.32km^2，冰川平均面积为 0.33km^2，冰储量为 0.1319km^3（表 4-2）。达古雪山距南部的雪宝顶冰川区直线距离为 110km，同属岷江流域冰川区，也同属中国现代冰川最东分布区。但达古雪山冰川数量要比雪宝顶冰川区数量（7 条）多，冰川面积比雪宝顶（2.49km^2）大，按冰川形态类型划分，达古雪山现代冰川可分为冰斗冰川、冰斗-悬冰川和悬冰川，冰川规模不大，均为中小规模冰川。其中，悬冰川有 7 条，数量最多，冰斗冰川和冰斗-悬冰川各有 3 条。

表4-2 中国第一次冰川编目达古雪山冰川分布统计

冰川编号	地理坐标		冰川面积	冰川朝向		最高海拔	冰舌末端	冰储量	冰川形态类型
	纬度	经度	(km²)	积累区	消融区	(m)	(m)	(km³)	
5K621G7	32°17.31′N	102°42.90′E	0.17	SW	SW	5160	4760	0.0038	冰斗–悬冰川
5K621G8	32°16.39′N	102°43.34′E	0.24	SW	SW	5200	4760	0.0059	悬冰川
5K621G9	32°16.09′N	102°43.53′E	0.23	S	S	5120	4840	0.0056	冰斗–悬冰川
5K621G10	32°14.33′N	102°45.68′E	0.18	NW	NW	5000	4720	0.0040	悬冰川
5K621G11	32°14.22′N	102°45.26′E	0.18	NW	NW	5176	4740	0.0040	悬冰川
5K621G12	32°13.90′N	102°45.75′E	0.50	SW	SW	5176	4920	0.0158	冰斗冰川
5K621G13	32°13.57′N	102°46.00′E	0.19	S	S	5176	4880	0.0044	悬冰川
5K621G14	32°13.44′N	102°47.01′E	0.20	NE	NE	5030	4760	0.0047	悬冰川
5K621G15	32°13.44′N	102°46.63′E	0.21	N	N	5020	4740	0.0050	悬冰川
5K621G16	32°13.68′N	102°46.25′E	0.21	E	E	5160	4840	0.0050	冰斗–悬冰川
5K621G17	32°14.17′N	102°45.94′E	0.94	E	E	5176	4880	0.0368	冰斗冰川
5K621G18	32°17.80′N	102°43.82′E	0.25	NE	NE	5163	4680	0.0063	悬冰川
5K621G19	32°17.67′N	102°43.03′E	0.82	N	N	5163	4300	0.0306	冰斗冰川

1）冰斗冰川。该类型在达古雪山有 5K621G12、5K621G17、5K621G19 3 条，冰川总面积为 2.26km²，平均面积为 0.75km²，是该区规模最大的冰川。该区冰斗冰川地貌形态有如下特点：冰川分布在河谷源头或谷地两侧围椅状凹洼处，冰斗底部较平坦，斗壁陡峻。现代的 3 条冰斗冰川均承袭了古冰川规模较大时期所形成的冰斗地形，现代冰川平衡线已不在冰斗口而移至后壁山坡上，短促的冰舌限于冰斗口内或悬挂在斗口。从形态上看，5K621G19 冰川是一条典型的冰斗冰川。5K621G12 和 5K621G17 冰川积累区比较宽阔，好似围谷或大冰斗冰川（图4-5）。

2）悬冰川。该类型在达古雪山有 5K621G8、5K621G10、5K621G11、5K621G13、5K621G14、5K621G15、5K621G18 共 7 条，是该区冰川形态类型中数量最多的类型，冰川总面积为 1.45km²，平均面积为 0.21km²。该类型冰川也是山地冰川中数量最多但体积最小的冰川，多成群分布在冰川雪线高度附近的山坡上，像盾牌似地悬挂在陡坡上，其前端冰体稍厚，没有明显的粒雪盆与冰舌分化，厚度一般不超过 20m，面积不超过 1km²，对气候变化反应敏感，容易消退与扩展。

3）冰斗–悬冰川。该类型在达古雪山有 5K621G7、5K621G9、5K621G16 共 3 条，冰川总面积为 0.61km²，平均面积为 0.20km²。该类型是冰斗冰川与悬冰川的过渡类型。

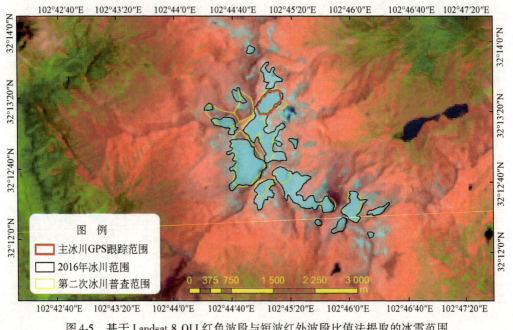

图 4-5　基于 Landsat 8 OLI 红色波段与短波红外波段比值法提取的冰雪范围

二、冰川分布

达古雪山现代冰川主要分布在海拔 5000m 以上山峰及其主山脊两侧，其分布特征表现如下。

1）达古雪山有 5 座海拔 5000m 以上高峰，除 5056m 高峰周围没有冰川分布外，其余 4 座高峰周围都分布有冰川。有冰川分布的山峰中，5176m 峰虽为该区第二高峰，但山峰周围地势开阔，相对平缓，有利于冰川发育和生存，分布有5K621G10、5K621G11、5K621G12、5K621G13、5K621G16、5K621G17 共 6 条冰川，是冰川分布最多的山峰，冰川总面积为 2.2km²，平均面积为 0.36km²，呈放射状分布；5163m 峰是该区第三高峰，周围虽没有第二高峰区开阔，但也分布有5K621G7、5K621G18、5K621G19 3 条冰川，冰川总面积为 1.24km²，平均面积为0.41km²，积雪区基本相连在一起；5273m 峰虽为该区第一高峰，但峰区四周地势较陡，仅在峰区西南方向和朝南方向各发育 1 条冰川，即 5K621G8 和 5K621G9 两条冰川，冰川总面积为 0.47km²，平均面积为 0.24km²，粒雪区相互分离；5030m峰是该区第五高峰，也是该区分布有现代冰川的最低峰，分布有 5K621G14 和

5K621G15 两条冰川,冰川总面积为 0.41km²,平均面积为 0.21km²,是该区冰川分布最少、规模最小的一个峰区,但两条冰川积累区连在一起。

2)从达古雪山主山脊来看,冰川分布均沿山脊两侧发育,呈斑点状的冰川分布,东西坡冰川在数量与面积上也有一定差异。西坡有 7 条冰川(即 5K621G7、5K621G8、5K621G9、5K621G10、5K621G11、5K621G12、5K621G13),冰川总面积为 1.69km²,平均面积为 0.24km²。东坡有 6 条冰川(即 5K621G14、5K621G15、5K621G16、5K621G17、5K621G18、5K621G19),冰川总面积为 2.63km²,平均面积为 0.44km²。因此,达古雪山西坡冰川数量较东坡多,但东坡冰川面积较西坡大。达古雪山西坡面积最大的冰斗冰川为 5K621G12,发育于 5176m 峰西侧,冰川面积为 0.50km²,末端延伸至海拔 4920m,是该区冰舌末端最高的一条冰川;而东坡有 5K621G17、5K621G19 两条冰斗冰川,冰川面积分别为 0.94km² 和 0.82km²,后者冰舌末端下伸至海拔 4300m,是该区冰川下伸最低的一条冰川。

3)冰川雪线是大气固态降水年收入等于年支出的界线,也叫平衡线。平衡线的高度主要取决于气候、地形和冰川三者的相互作用。达古雪山冰川作用正差不大,均为中小型冰川,地形对气候的影响也不突出。东西坡平衡线分布有一定差异,但差异并不显著,主要表现为东坡平衡线低于西坡。东坡平衡线一般在 4920 ~ 5000m,而西坡平衡线一般在 4960 ~ 5000m,造成这种差异的主要原因是东坡为迎风坡,降水多于背风坡(西坡)。

三、冰川变化

冰川变化是气候波动的必然结果。大气降水和热量状况的改变深刻地影响着极地冰盖和山地冰川的消长。世界各地冰川变化观测和研究表明,小冰期大约结束于 20 世纪中期。小冰期结束以来,全球范围内冰川退缩或为主导趋势,但因各地气候条件不同,冰川退缩幅度也表现出明显的地域差别。因对气候变化异常敏感,冰川被称为气候变化的天然指示器。利用中国两次冰川编目资料,可了解 40 多年来达古雪山在全球变暖背景下的冰川变化状况。

(一)两次冰川编目资料对比分析

1978 年,中国科学院兰州冰川冻土研究所依据国际冰川编目规范,应用航片及相应的大比例尺地形图，对中国境内逐条冰川的面积、长度、储量、形态类型和雪线高度等34项指标进行量算和分级，并对各山脉和流域进行统计分析。至2002年全部完成并公开出版了《中国冰川目录》，共12卷22册并含附图。中国第一次冰川编目主要基于20世纪50~80年代的调查数据，为了深入了解和更新中国冰川在之后的变化情况，2007年中国科学院寒区旱区环境与工程研究所基于卫星影像对中国境内冰川启动了第二次冰川资源调查（即中国第二次冰川编目），并对中国第一次冰川编目的所有数据、图表等重新进行修订和数字化。2014年12月13日，中国第二次冰川编目数据集（V1.0）正式面向社会公开发布，同时在寒区旱区科学数据中心设置了开放共享（表4-3）。

表4-3　两次中国冰川编目资料中达古雪山冰川信息统计

冰川编号	第一次冰川编目数据			第二次冰川编目数据			备注	资料来源
	冰川面积（km²）	冰储量（km³）	年份	冰川面积（km²）	冰储量（km³）	年份		
5K621G7	0.17	0.0038	1966	0.07	0.0011	2007		
5K621G8	0.24	0.0059	1966	—	—	2007	2007年统计时消失	
5K621G9	0.23	0.0056	1966	—	—	2007		
5K621G10	0.18	0.0040	1966	0.11	0.0021	2007		
5K621G11	0.18	0.0040	1966	0.14	0.0029	2007		
5K621G12	0.50	0.0158	1966	0.38	0.0110	2007		
5K621G13	0.19	0.0044	1966	0.06	0.0009	2007		两次中国冰川编目数据由姚晓军提供
5K621G14	0.20	0.0047	1966	0.11	0.0021	2007		
5K621G15	0.21	0.0050	1966	0.06	0.0009	2007		
5K621G16	0.21	0.0050	1966	0.07	0.0011	2007		
5K621G17	0.94	0.0368	1966	0.36	0.0102	2007		
5K621G18	0.25	0.0063	1966			2007	2007年统计时遗漏	
5K621G19	0.82	0.0306	1966			2007		

结合两次中国冰川编目资料，可知达古雪山冰川第一次冰川编目时间为1966年，第二次冰川编目的时间为2007年，间隔42年（表4-3和表4-4）。1966~2007年，达古雪山冰川数量由13条减少为9条（其中有2条遗漏，按消失处理）；冰川面积由4.32km²减少至1.36km²（不包括未统计的两条冰川面积），冰川面积减少达2.96km²；冰储量由0.1319km³减少至0.0323km³，冰储量减少0.0996km³。由此可

知，该区冰川一直处于退缩状态，1966～2007年冰川面积减少68.52%，面积变化绝对速率达-0.07km^2/a。

表4-4 基于两次中国冰川编目达古雪山冰川变化统计

统计项目	数据	统计说明	资料来源
第一次冰川编目冰川数量（条）	13		
第二次冰川编目冰川数量（条）	9		
冰川数量变化（条）	-4		
第一次冰川编目冰川面积（km^2）	4.32		
第二次冰川编目冰川面积（km^2）	1.36		
冰川面积变化（km^2）	-2.96	统计结果（在计算时未包括遗漏冰川）	由郭万钦提供
第一次冰川编目冰储量（km^3）	0.1319		
第二次冰川编目冰储量（km^3）	0.0323		
冰储量变化（km^3）	-0.0996		
面积变化百分比（%）	-68.52		
面积变化绝对速率（km^2/a）	-0.07		
面积变化相对速率（km^2/a）	-2.78		

2007年第二次冰川编目时5K621G18、5K621G19号这两条冰川被遗漏，在计算冰川变化时没有考虑遗漏冰川，但统计该区现有冰川资源时须考虑遗漏冰川。所以，达古雪山现存冰川11条，冰川面积为1.46km^2，冰储量为0.0337km^3（表4-5）。

表4-5 达古雪山现存冰川变化统计

冰川编号	冰川面积（km^2）	冰储量（km^3）
5K621G7	0.07	0.0011
5K621G10	0.11	0.0021
5K621G11	0.14	0.0029
5K621G12	0.38	0.0110
5K621G13	0.06	0.0009
5K621G14	0.11	0.0021
5K621G15	0.06	0.0009
5K621G16	0.07	0.0011
5K621G17	0.36	0.0102
5K621G18	0.05	0.0007
5K621G19	0.05	0.0007

注：对第二次冰川编目遗漏的冰川进行了补遗，但不能计算变化

山地冰川中不同规模的冰川对气候变化响应存在不同程度和时间上的差异。从两次中国冰川编目统计结果来看，达古雪山冰川面积减小幅度较大，这表明冰川规模越小，对气候变化的反应越敏感。受气候变暖影响，各种规模的冰川仍以退缩状态占优势，面积在1km²左右或以下规模的冰川变化最大，有的甚至消失；而面积在5km²以上规模的冰川变化相对要小，冰川消退面积在总体规模中占比很小，有的甚至趋于稳定。冰川在气候波动响应过程中，物质平衡反应迅速，但冰川面积和长度均存在一定的滞后，其响应时间取决于气候变化的波长量级和冰川类型。例如，大冰盖能反映长时期的气候波动，即低频率高量级的波动，这种波动往往需要万年以上的时间，冰期的形成应属这一量级。

对一般山地冰川而言，它们对中等或短周期气候波动的响应较快，且比较明显，其时间为数年至百年左右。中国冰川以中小型冰川为主，对短周期的气候波动有较好的响应，甚至某些大型山谷冰川对中等周期的气候波动也有一定的响应。根据两次中国冰川编目，只能评估达古雪山地区1966～2007年冰川面积的变化，而单条冰川的观测资料相对缺乏，故无法评估每条冰川在这一时段对气候变化的进一步响应机理。

（二）多源遥感影像解译结果

1. 遥感影像数据

最早的冰川监测数据来源于国家测绘局1966年8月的1∶10万航测地形图。较早时间的中分辨率卫星遥感影像以美国国家地质调查局（United States Geological Survey，USGS）网站（http://glovis. usgs. gov）的Landsat MSS、TM Level 1T数据产品为主，最新的较高分辨率遥感影像来源于Landsat 8遥感影像（多光谱波段空间分辨率为30m，全色波段空间分辨率为15m），以及日本宇宙航空研究开发机构2.5m分辨率的ALOS Level 1B1影像。

TM数据有7个波段，分别为蓝（blue：0.45～0.52μm）、绿（green：0.52～0.60μm）、红（red：0.63～0.69μm）、近红外（NIR：0.76～0.90μm）、中红外（SWIR：1.55～1.75μm）、热红外（TIR：10.40～12.50μm）、中红外（SWIR：2.08～2.35μm），空间分辨率除了热红外波段是120m外，其他都是30m。ETM+数据相对于TM增加了一个全色波段（0.52～0.90μm，空间分辨率为15m）。OLI数据是在ETM+的基础上又增加了两个波段，分别是可见光波段（0.433～0.453μm）

和短波红外波段（1.36～1.39μm），新增波段的空间分辨率均为30m。

　　达古雪山地区云雨天气较多，尤其是夏季，降水集中，夏季影像虽受积雪影响较小，但受云、雾等天气的干扰严重，因此只能考虑其他受积雪和云、雾影响相对较小季节的影像。经多次筛选发现，达古雪山地区9月中下旬至11月上旬的遥感影像受云、雾和积雪的影响较小，是观测的窗口期。本章最终选取Landsat 5、Landsat 7及Landsat 8等卫星的MSS、TM、ETM+、OLI等遥感影像数据（表4-6）。ALOS数据购买时也主要考虑云、积雪等影响，由于区域内可用影像数据较少，最终选择了2017年影像。此外，遥感影像的选取还与研究高程变化的SRTM DEM数据在时间上尽量保持一致。

表4-6　本章所用遥感影像数据列

数据类型	数据编号	获取时间	分辨率
地形图	9-48-134	1966年8月	1：100 000
Landsat MSS	LM21400381975259GDS03	1975年9月16日	60m
Landsat 5 TM	LT05_L1TP_131038_19891025_20170214_01_T1	1989年10月25日	30m
Landsat 7 ETM+	LE07_L1TP_131038_20000812_20170210_01_T1	2000年8月12日	30m
Landsat 7 ETM+	LE07_L1TP_131038_20111014_20161205_01_T1	2011年10月14日	30m
Landsat 8 OLI	LC08_L1TP_131038_20171006_20171014_01_T1	2017年10月6日	30m

2. 气象数据及DEM

　　气候是冰川变化的主要驱动因素，对冰川区气候变化的分析有助于理解冰川变化规律（Oerlemans，2005）。当气温升高时，冰川消融加速，当降水量增加时，冰川累积逐渐增加。也就是说，气温和降水量是影响冰川消融和积累的主要因素。本书气象数据来源于国家气象信息中心（http：//data.cma.cn/）中国地面气候资料日值数据集（V3.0），该数据集制作时间为2012年8月4日，数据的起始时间为1951年1月1日，每月更新（数据一般滞后3个月）。数据集制作过程中对数据进行了严格的质量控制：整理过程中对发现的可疑和错误数据进行人工核查与更正，并对最终所有要素数据标注质量控制码，使数据的正确率接近100%。由于离达古冰川最近的黑水县没有长期气象记录，本章选用研究区周边最近的松潘（站号为56182）、红原（站号为56173）、马尔康（站号为56172）三个气象站作为代用气象站。另外，长序列的同化再分析气候数据能较好地反映区域气候背景和变化趋势，本章选择常用的 CRUTS 4.01[①] 作为气象分析背景数据。此外，冰川区 DEM 数据来源于 NASA-WIST 数据平台系统，其空间分辨率为 30m。

3. 文档地图及其遥感影像处理

首先，将较早的分幅地形图扫描成图片。利用 30m 分辨率的 DEM 提取等高线和地形阴影，导入扫描好的图片后，利用扫描后地图上的等高线、标志性地物和 DEM 生成的等高线、特征点对地图进行匹配和严格配准，尽量选取地图四周的控制点，并剔除残差较大的矫正点，残差较小且较为稳定后，自动更新校正坐标，最后导出经严格配准的带有与 DEM 相同坐标系的影像图，并提取冰川边界。

对于多波段的遥感影像，比值图像能反映出同一影像上不同波段之间光谱反射率的斜率变化，从而增强地物波谱特征的微小差异，有助于区分地物类型。Landsat 数据一般采用 3 波段或 4 波段比 5 波段。获取比值图后通过调整阈值来获取冰川边界信息。此外，由于积雪在可见光范围内具有较高的光谱反射率，而在短波红外波段的光谱反射率较低，用这两个波段进行归一化处理，能突出冰的特性，所构成的冰盖指数（NDSI）可以有效提取冰川信息

$$\text{NDSI} = (\text{CH}n - \text{CH}m)/(\text{CH}n + \text{CH}m) \tag{4-1}$$

式中，CH 代表波段；n、m 为可见光、近红外的波段号，对应 Landsat 影像的 3 波段和 5 波段。获取 NDSI 之后，设置相应阈值将冰川从其他地物中提取出来，在此基础上，结合监督分类，从而形成冰川分类体系。

4. 冰川面积变化

最早的观测资料来源于中国人民解放军总参谋部测绘局（现为中国人民解放军总参谋部测绘导航局）基于 1966 年航测影像绘制的地形图，其标注的冰川范围明显扩大了冰川的覆盖范围（尤其是北部冰川区）。基于此，本章在对比和数据回归分析中以解译的遥感影像数据为主。目前，能获取的最早的遥感影像数据来源于 Landsat MSS 1975 年 9 月 16 日。本章遥感影像每隔 10 年进行一次解译，从基于多源遥感影像数据提取的冰川面积变化（表 4-7 和图 4-6）中可以看出，达古冰川在最近 50 多年经历了快速的消退变化，其面积出现了快速的缩减。

---

① http://catalogue.ceda.ac.uk/intro

表 4-7　达古冰川典型年份冰川面积统计结果　　　（单位：km²）

地区	1966 年	1975 年	1989 年	2000 年	2011 年	2017 年	面积缩减（相对于1975 年）
#1 区	7.2560	1.6519	0.9736	0.2099	0.1360	0.0294	1.6225
#2 区	0.1899	1.1990	0.5970	0.4530	0.3447	0.2966	0.9024
#3 区	2.1807	1.9855	1.8095	0.8246	0.9021	0.8360	1.1495
#4 区	0.1052	0.5543	0.3196	0.1098	0.1557	0.1547	0.3996
#5 区	0.5732	0.7042	0.5400	0.3145	0.2732	0.2942	0.4100
#6 区	0.5971	0.7467	0.5819	0.1791	0.1378	0.1366	0.6101
合计	10.9021	6.8416	4.8216	2.0909	1.9495	1.7475	5.0941

　　1975 年的遥感影像能较为准确地反映冰川在 20 世纪 70 年代的空间分布状况。从图 4-6 中可以看出，冰川主要集中分布在南部临近冰湖东措日月海的区域以及北部山区。依据冰川群分布特点，本章将冰川在空间上分为北部 1 个亚区（#1 区）和南部 5 个亚区（#2 区～#6 区）(图 4-6)。从变化的动态图可以看出，达古冰川经历了较为快速的消退，到目前为止，北部#1 区的冰川基本完全消失，而冰川主要集中分布在南部的#2 区 ～ #5 区，且收缩至山脊线附近，面积由 1975 年的 4.4430km² 缩减到 2017 年的 1.5815km²，仅为 20 世纪 70 年代的 36%[①]。

　　从各个区域冰川各自分布及变化来看，总体上各个分区内冰川均处于快速退缩状态（表 4-7）。从面积的绝对变化来看，北部的#1 区冰川面积缩减最大，为 1.6225km²，其次为#3 区和#2 区冰川。依据多年冰川面积变化，本章对冰川面积的退缩速率进行了分区回归拟合。从每个区域的拟合结果来看（图 4-7），冰川退缩在每个区域均呈指数退缩，受遥感解译精度的影响，有些区域个别年份冰川面积有略微增加，但总体趋势均表现为呈指数形式快速退缩。

　　从分区回归拟合结果来看，20 世纪 90 年代之前的冰川退缩最为显著。从面积的缩减来看，能占到退缩面积的一半以上，2000 年后有趋于平稳的态势，主要表现为冰川当前的规模都基本趋于稳定，但随着冰川向山顶收缩，其面积越来越小，且面积的改变将不再显著，可能变为厚度减薄型，使冰川对气候变化的响应过程更为复杂。从变化趋势预测角度分析，目前 6 个区的冰川，总面积不到 2km²，只有#2 区 ～ #5 4 个

---

　　① 遥感解译与两次中国冰川编目结果略有差异，主要是由中国第一次冰川编目资料和冰川漏编所致，为保持科学性，本章将两套数据资料分别进行了评估。

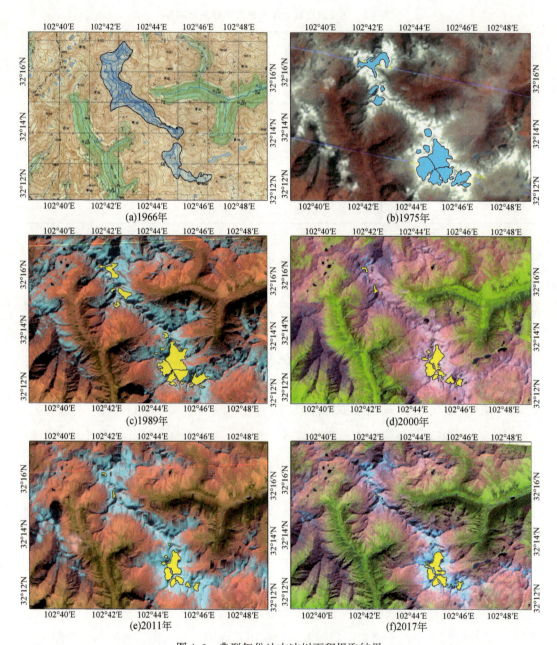

图4-6 典型年份达古冰川面积提取结果

区冰川的面积相对较大，也集中分布，但面积均未超过 1km^2，而#1 区已基本消失，#6 区也只有 0.1366km^2（图4-6）。因此，在未来气候变暖情景下，零散分布、孤立分布的小冰川退缩和消失的速度可能更快。

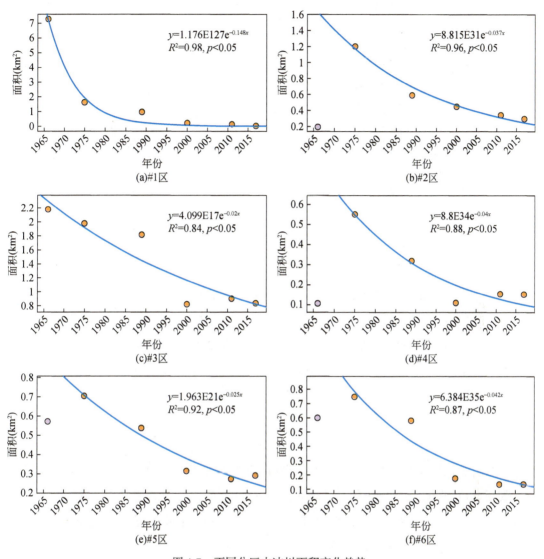

图4-7　不同分区内冰川面积变化趋势

5. 面积变化与地形特点

本节基于 DEM 提取了达古冰川所在区域的地形因子。从坡向的分布来看，受地形影响，达古冰川主要集中分布在西南、南、东以及东北四个方向，占总冰川面积的80%以上（图4-8）。从坡度来看，主要集中分布在山脊线附近20°～50°的缓坡地带，这一地带的海拔多在4800～5300m，受高海拔的影响，山脊线附近的降水在低温下易于形成降雪，补给冰川。受暖湿气流的影响，冰川下限海拔较高，基本维持在4400～4700m的雪线附近。受地形的影响，冰川总体上规模较小，冰舌较短，冰川末端目前不能延伸到海拔较低的山谷中形成较大规模冰川。

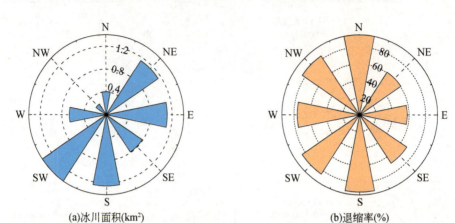

图 4-8　不同坡向冰川面积分布及退缩率

从冰川的退缩规模占总面积的比例来看（图 4-8），北坡和西北、西南、南坡等退缩面积占该坡向冰川总面积的比例最大。而相对地，东部、东北部及东南部 3 个方向的冰川面积减少比例相对最小。冰川面积退缩的这些特点，需要结合小地形和当地的微气象结构，如风场（风向、坡面风等）、环流以及降水等进一步研究其具体变化背景。

（三）达古冰川变化的气候背景分析

冰川的快速退缩，预示着其赖以存在的气候背景发生了变化，即当地气候发生了改变。自 20 世纪中期以来，全球正经历着显著变暖。本章基于达古冰川附近气象台站长时间序列的记录资料以及基于大气模式的陆面同化数据，对达古冰川周围的气候背景及其变化进行了分析。

高海拔地区冰川，尤其是"第三极"，由于对气候变化的高度脆弱性，成为冰冻圈最敏感和最具代表性的要素。冰川的快速消融和退缩表明它已经历了显著的气候变暖。目前，全球变暖趋势仍未停止，IPCC（2014）评估报告表明，21 世纪全球气温将继续上升。

从松潘气象站（103°35′E，32°38′N，站号为 56182）记录的气象资料来看，达古雪山自 1961 年以来气温呈显著升高趋势，增温速率为 0.268℃/10a（$R^2 = 0.5567$，$p<0.01$）（图 4-9），表明达古冰川的快速消退，与该区气温变暖有直接联系。同时，达古雪山的增温速率略高于全球的增温速率。从年降水量的变化来看，

达古雪山的年降水量呈现出明显的递减趋势，1960～2015年降水量变化的递减速率为3.2mm/10a（$R^2=0.0037$，$p<0.10$）。由于高海拔地区的降水具有很大的波动性和不确定性，且分布于较低海拔或山谷的气象站资料降水往往不能完全反映高山冰川区降水，达古冰川附近降水是否呈减小趋势仍需冰川附近气象站的长期观测资料来进一步验证。总体而言，松潘站资料显示，1960～2015年达古雪山地区基本呈现出暖干化的趋势，这种趋势使地表蒸散发增加，进一步增强了冰川消融。

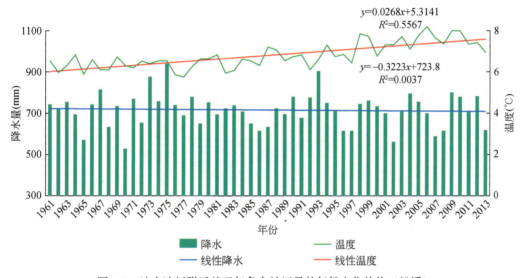

图4-9　达古冰川附近基于气象台站记录的气候变化趋势（松潘）

由于气象站在空间上的代表性有限，以空间分辨率0.5°×0.5°的再分析同化资料CRUTS 4.01来分析达古雪山空间上的气候变化趋势。CRUTS 4.01的同化资料分析表明，达古雪山及周围地区在过去的100多年中经历了明显的变暖过程，整个青藏高原东部、四川中东部及重庆、湖北等地区的增温趋势明显，部分地区增温超过1.5℃。

从平均增温图分析［图4-10（a）］，四川和重庆整个地区在1961～2017年经历了较强的变暖过程，温度上升幅度为0.4～1.2℃。高海拔地区，即四川西南部，与甘肃、陕西相邻的东北山区温度升高最为显著。达古雪山及其附近周围地区气温在1961～2017年平均升高了0.9℃。该地区降水变化空间差异性较大［图4-10（b）］，降水增加的地区主要分布在成都和重庆，而在川南山区，降水量减少了7～10mm。趋势分析表明，达古雪山的气候正朝着更暖、更干燥发展。这种温度升高趋势显著而降水增加并不显著的气候模式，将进一步增加达古雪山冰川物质亏损的速率。同

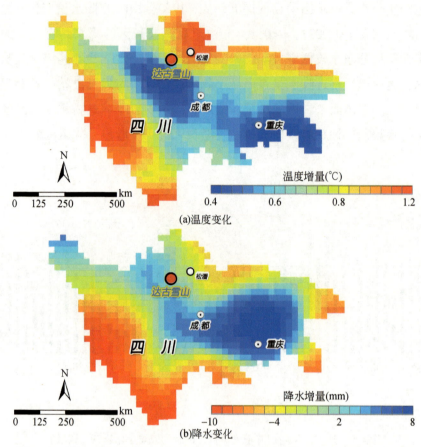

图 4-10　基于 CRUTS 4.01（1961～2017 年）数据集的川渝气候变化空间分布
（a）温度升高幅度为 2010～2017 年平均温度减去 1961～1969 年平均
温度所得；（b）降水变化幅度计算方法与温度升高幅度计算相同

时，多源遥感监测结果表明，达古雪山冰川正在经历一个分裂和快速衰退的过程，而气候的暖干趋势将进一步加快冰川退缩，对达古雪山冰川的可持续发展带来巨大的风险和挑战。

第七节　与中国海洋型冰川其他区域对比

关于达古冰川变化的研究和报道相对较少。虽然达古冰川与大城市距离较近，参观相对方便，但与中国其他冰川相比，它是一个规模非常小的季风海洋型冰川。根据文献资料统计，目前冰川研究主要集中在大中型冰川，尤其是兴都库什–喜马拉雅山、横断山、昆仑山和天山。达古冰川唯一的报告是中国科学院 2001 年的库存报告。在本节研究中，根据 1966 年的航片，达古冰川的划定面积约为 11km²。时间序列分析表明，#1 区冰川面积在 20 世纪 60 年代规模较大，而#2 区、#4 区、#5 区和#6 区面积相对要小得多。因此，可以认为 1966 年数据是回归分析中的异常值，存在一些错误分类，并且地图受到云层或积雪影响。由于缺乏历史现场观测或航空/卫星图像，无法验证地图准确性。据中国第一次冰川编目，2001 年达古冰川面积为 4.56km²，远大于 2000 年的 2.0909km²。

本节研究中，Landsat ETM+影像获取时间是 2000 年 8 月 12 日。2017 年夏季是该地区一年中最热的一个季节，影像没有受云的影响，积雪影响也最小。Landsat 系列卫星提供的历史数据可追溯到 20 世纪 70 年代中期，许多研究已经检验了 Landsat MSS/TM 和 ETM+场景的一致性与质量。本节研究表明，1966 ~ 2017 年达古冰川经历了强烈的退缩变化，并呈指数趋势递减。1975 ~ 2017 年绝对减少面积为 5.0941km²，平均递减率为 0.12km²/a。2017 年冰川总面积为 1.7475km²。

海洋型冰川是指发育在海洋型气候条件下，冰体大部分接近 0℃的冰川，相对于大陆型气候条件下的"冷冰川"，海洋型冰川冰温高，因此又称"温冰川"。受海洋型气候和季风影响，我国海洋型冰川区降水充沛，冰川具有平均海拔相对较低、消融强烈、运动速度快和物质交换水平高等强动态变化特征。相比其他冰川类型，中国海洋型冰川退缩率相对较快。已有研究显示，岗日嘎布地区冰川面积由 1976 年的 664.22km² 减少到 2013 年的 386.65km²，面积退缩率达到了 1.13%/a（李霞，2015）。其中，20 世纪 70 年代中期至 2000 年，岗日嘎布帕隆藏布河流域冰川海拔上升、冰川物质平衡分别为 -0.22 ± 0.16m/a、-0.19 ± 0.14m w.e./a，且小规模冰川的退缩要比大规模冰川更为显著。

同期相比，易贡藏布地区冰川年均冰川海拔上升、冰川物质平衡分别为 -0.13 ± 0.16m/a、0.11m w.e./a（Yang et al.，2010；Zhou et al.，2018）。贡嘎山雪山冰川也有同样的趋势，贡嘎雪山冰川面积由 1974 年的 254.91km² 减少到 2013 年的 224.45km²，面积退缩率达到了 0.33%/a。其中，根据 1930 年贡嘎山海螺沟冰川末端标记位置，自 20 世纪 30 年代，冰川已累积退缩 2km 左右，其中 1966 ~ 2010 年退缩了 1.15km，退缩率为 25 ~ 30m/a。冰川退缩的同时也在变薄，与 1930 年冰川照片对比可以发现，海螺沟冰川消融区减薄明显，其中 2 号冰川目前已与海螺沟冰川完全分离（李霞，2015；刘巧和张勇，2017）。1966 ~ 2009 年，贡嘎山平衡线高度平均退缩率为-1.1±0.4m/a，且 1989 年以来有加速退缩的趋势。物质平衡研究表明，1959/60～2003/04 年遭受了持续的物质亏损，累积物质平衡为-10.83m w.e.（Zhang Y et al.，2011）。梅里雪山冰川面积由 1974 年的 172.30km² 减少到 2013 年的 141.42km²，面积退缩率达到了 0.46%/a（李霞，2015）。玉龙雪山冰川与环境观测研究站长期观测研究表明，1982～2013 年玉龙雪山冰川减少至 16 条，面积退缩至 4.76km²，至 2017 年，冰川减少至 13 条，面积为 4.48km²。其中，白水河 1 号冰川为该区面积最大的冰川，长度减少至 2017 年的 1.90km，面积减少至 1.32km²，冰储量减少了约 0.03km³，相当于 0.026km³ 的水量（图 4-11）。

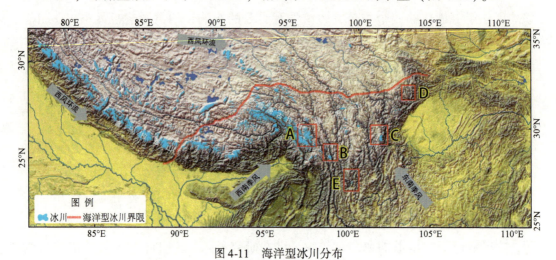

图 4-11　海洋型冰川分布

A. 岗日嘎布；B. 梅里雪山；C. 贡嘎雪山；D. 达古雪山；E. 玉龙雪山

　　因此，深入研究达古冰川与气候相互作用，需要对冰川变化（面积、厚度、物质平衡等）及气候要素等进行持续的定位观测，以预估达古冰川的演变趋势，进而科学合理地提出达古冰川旅游可持续发展的建议。

|第五章| 不同旅游发展阶段冰川旅游目的地客源结构对比

冰川旅游目的地旅游发展阶段不同，其客源结构也不同。达古冰川风景名胜区旅游仍处于发展阶段，游客量季节性波动明显，夏秋季游客相对较多。同时，达古冰川风景名胜区客源市场分布集中，以川渝两地近域客源为主，缺乏中远域客源，且客源市场年际变动较小，核心市场不变，重要市场数量在增加。景区游客数量主要受客源市场空间距离的影响，而消费者经济水平影响次之。

第一节 调查问卷与数据来源

一般来说，处于开发初期的冰川旅游目的地主要受控于近域客源市场，而开发较为成熟的冰川旅游目的地则主要受控于中远程客源市场。为了分析达古雪山冰川旅游所处发展阶段，揭示其客源市场时空结构特征，本章以调查问卷的方式，借助景区客源抽样调查数据对冰川旅游客源时空结构进行系统分析。

一、客源市场内涵

客源市场广义上是指旅游交换过程中各种经济关系和一切现象的总和，狭义上是指在一定时期内对旅游目的地旅游产品有需求的潜在和现实购买者。冰川旅游目的地客源市场是指一定时期内对冰川旅游目的地旅游产品有需求的潜在和现实游客总体。客源市场的结构包括客源市场人口学结构、消费行为结构、时间结构、空间结构。其中，客源市场人口学特征可分为游客年龄、性别、职业、收入、学历等；消费行为结构可分为出游目的、出游方式、交通方式、出游时间、信息获取途径、人均消费、满意度等；根据客流量变化的时间长短，时间结构可分为年际、季节、周、日变化结构等；空间结构特征包括客源集中度、客源吸引半径、空间使用曲线等。

二、调查问卷设计

为了全面分析冰川旅游目的地客源市场的人口学结构特征，2017 年 6～7 月，采用问卷调查和深度问询的方式，在代表冰川旅游不同发展阶段的达古雪山和玉龙雪山地区进行客源调查。问卷发放地点为各景区下索道口和景区出口，玉龙雪山共发放问卷 800 份，回收 793 份，回收率为 99.13%，达古冰川共发放问卷 200 份，回收 200 份，回收率为 100%（图 5-1）。

图 5-1　问卷调查现场

本章主要分析冰川型旅游目的地客源市场结构特征。依据研究目的，问卷设计主要涉及人口学特征（性别、收入、年龄、文化程度、职业、居住地）和消费行为学特征（出游目的、出游方式、交通方式、出游时间、信息获取途径、人均消费、本景点出游次数、吸引物、旅游项目、冰川旅游次数、满意度）两个方面，并在此基础上向景区的工作人员了解客流量情况及相关的营销策略，向游客了解对旅游目的地的感受和建议。

三、数据来源

本章采用的玉龙雪山和达古冰川客流量及游客来源抽样数据分别由丽江玉龙雪山省级旅游开发区管理委员会和达古冰川风景名胜区管理局提供，包括玉龙雪山 2012～2016 年客流量数据和 2014～2016 年客源地抽样数据，达古冰川 2014～2016 年客流量数据和客源地抽样数据。研究中涉及客源地抽样数据以省（自治区、直辖市）为单位进行统计（港澳台游客不做研究），客源地到旅游目的地距离采用从各省省会城市到冰川旅游城市（如云南丽江）的公路距离。影响因素分析中各省（自治区、直辖市）人口数量及经济指标采用 2016 年《中国统计年鉴》公布的数据，具体数据见表 5-1。

表 5-1　2016 年各省（自治区、直辖市）经济指标及人口数据

地区	总人口（万人）	城镇人口比例（%）	人均 GDP（元）	人均可支配收入（元）	人均消费水平（元）
北京	2 171	86.50	106 497	48 458	39 200.4
安徽	6 144	50.50	35 997	18 362.6	13 941
福建	3 839	62.60	67 966	25 404.4	20 828
甘肃	2 600	43.19	26 165	13 466.6	11 867.7
广东	10 849	68.71	67 503	27 858.9	26 365
广西	4 796	47.06	35190	16 873.4	13 856.7
贵州	3 530	42.01	29 847	13 696.6	12 876.3
海南	911	55.12	40 818	18 979	17 019.1
河北	7 425	51.33	40 255	18 118.1	12 829.1
河南	9 480	46.85	39 123	17 124.8	14 507.3
黑龙江	3 812	58.80	39 462	18 592.7	16 443.3
湖北	5 852	56.85	50 654	20 025.6	17 429.4
湖南	6 783	50.89	42 754	19 317.5	16 288.8
江苏	7 976	66.52	87 995	29 538.9	31 682.4

续表

地区	总人口（万人）	城镇人口比例（%）	人均 GDP（元）	人均可支配收入（元）	人均消费水平（元）
江西	4 566	51.62	36 724	18 437.1	14 488.9
辽宁	4 382	67.35	65 354	24 575.6	23 693.1
内蒙古	2 511	60.30	71 101	22 310.1	20 834.9
山东	9 847	57.01	64 168	22 703.2	20 684.2
山西	3 664	55.03	34 919	17 853.7	14 363.7
陕西	3 793	53.92	47 626	17 395	15 363.3
上海	2 415	87.60	103 796	49 867.2	45 815.7
四川	8 204	47.69	36 775	17 221	14 774
天津	1 547	82.64	107 960	31 291.4	32 594.7
新疆	2 360	47.23	40 036	16 859.1	13 683.8
云南	4 742	43.33	28 806	15 222.6	13 400.5
浙江	5 539	65.80	77 640	35 537.1	28 711.5
重庆	3 017	60.94	52 321	20 110.1	18 859.7
吉林	2 753	55.31	51 082.93	18 683.7	14 630
宁夏	668	55.23	43 589.37	17 329.1	17 209.6
青海	588	50.30	41 106.29	15 812.7	15 167.3
西藏	324	27.74	31 678.7	12 254.3	8 755.7

注：香港、澳门、台湾数据未统计。

第二节　旅游客源市场时空结构理论

客源市场时空结构是客源地和旅游目的地空间相互作用的结果，通过旅游流的"流态"形式完成，旅游业的特性使游客在时间和空间上分布不均匀，分析客流量的年际变化、客源空间分布及演化路径趋势对了解旅游目的地旅游发展现状、问题并制订相关决策及调整发展模式具有重要意义。

一、客源市场时间结构

客源市场时间结构主要是指客流量随时间的变化结构，本书将其分为季节变化结构和年际变化结构。

季节性强度指数是表征客流量随季节变化的指标，主要通过各月占全年客流量的比例进行计算，其计算公式如下（保继刚和楚义芳，1999）：

$$R = \sqrt{\frac{\sum_{i=1}^{12}(w_i - 8.33)^2}{12}}$$

(5-1)

式中，R 为季节性强度指数；w_i 为各月游客数量占全年游客数量的比例。R 值越大，游客数量在各月差异越大，即游客数量季节性波动越大；R 值越小，游客数量各月变化幅度越小；当 R 值接近于 0 时，表明各月游客数量平均分布，季节性波动不存在。

二、客源市场空间结构

（一）地理集中度

地理集中度是表征客源市场集散程度的指标，一般来说地理集中度在旅游客源市场研究中描述了固定或重要客源地对客源市场的控制力度。地理集中度高则说明少数客源市场所占份额高，这部分客源市场对整个旅游目的地发展控制力度强，客源市场集中，这些主要市场一旦发生波动就有可能影响整体旅游的发展，故地理集中度过高是旅游发展初期或发展不善的表现。地理集中度低则说明各客源市场所占份额较均匀，这部分客源市场对旅游目的地发展控制力弱，客源市场较分散，一般来说在旅游发展中后期才会出现，是良性发展的体现，但不宜过低，过低不利于客源市场的稳定、宣传和相关营销方案的制订。地理集中度采用下式测算

$$G = 100 \times \sqrt{\sum_{i=1}^{n}\left(\frac{x_i}{t}\right)^2}$$

(5-2)

式中，G 为地理集中度指数；x_i 为第 i 个客源市场游客数量；t 为接待游客总数量；n 为客源市场总数。G 值越接近 100，游客来源越集中；G 值越小，游客来源越分散。G 为 0 表明客源市场无限大，G 为 100 表明只有一个客源市场，这两个特殊值一般不会出现。

（二）客源吸引半径

客源吸引半径是衡量旅游目的地对游客吸引力强弱的指标。客源吸引半径与旅

游目的地吸引力呈正相关，客源吸引半径越大说明旅游目的地客源分布范围越广，在空间上知名度和影响力越高。客源吸引半径越小说明旅游目的地客源分布范围越窄，在空间上知名度及影响力越低。一般来说客源吸引半径可以通过加强宣传、提高营销知名度增加影响力来扩大。其计算公式如下

$$\text{ADod} = \sum_{i=1}^{n} \left(\frac{x_i}{T} \right) d_i \tag{5-3}$$

式中，ADod 为客源地到旅游目的地的平均距离；T 为旅游目的地游客总数量；x_i 为第 i 个客源地的游客数量；n 为客源地总数；d_i 为第 i 个客源地到旅游目的地距离。

（三）空间使用曲线

游客对旅游目的地的选择受距离影响，使从客源地到旅游目的地的空间移动存在一种规律，吴必虎和俞曦（2010）研究表明，游客数量与客源地到旅游目的地距离的关系存在负相关，即随着距离增加游客数量递减，且距离越远，游客数量递减趋势越显著，即距离衰减规律。

常见的空间使用曲线包括三种：基本线形符合距离衰减规律，即随着距旅游目的地距离的增加，阻力相对增加，游客数量减少；"U"形曲线，即随着距旅游目的地距离的增加，阻力增加，游客数量减少，但当达到某一地带时，受某一因素的影响，吸引力增加，游客数量逐步增加；Maxwell-Boltzman 曲线又被称为倒"U"形曲线，即随着距旅游目的地距离的增加，游客数量逐渐增加，但当达到某一地带时，由于某一因素的影响，吸引力下降，阻力增加，游客数量减少。影响客源地空间分布的因素往往不是单一的，而是比较复杂的，因此，很少出现单一线形，通常为几种线形规律的叠加。

三、客源市场时空结构影响因素

影响游客旅游行为的因素是多方面的，通常受游客信息获取、偏好、审美和客源地到旅游目的地距离、路途花费时间、消费水平承受能力等影响。客源市场结构由客源地、客源地与旅游目的地间的媒介、旅游目的地三部分组成，影响因素可以据此分为旅游需求、旅游媒介、旅游目的地供给三方面。旅游需求是旅游活动的前提，旅游媒介和旅游目的地供给是旅游活动开展的保障。

（一）旅游需求

旅游需求受客源地人口、经济水平、社会因素影响。①客源地人口因素主要包括人口规模和结构。人口规模越大，即人口基数越大，旅游人数越多；人口结构主要表现在客源地内部人口的职业、年龄、性别、收入等，对出游动机和行为产生影响。②客源地经济水平是对旅游活动产生重大影响的因素，经济发展水平决定了旅游活动量和游客消费水平。一般来说，经济发展水平高则居民经济水平高，相应的消费水平也越高。旅游活动出现在基本消费的保障之后，属于高水平消费，只有在居民经济水平高的情况才能实现，所以一个地区经济发展水平越高，旅游活动相对也就越多。③影响客源市场结构的社会因素有很多，如客源地的文化传统，如果一个地区历来就有出游的传统，则出游率相对就会高；又如稳定的社会环境，生活环境的稳定性、客源地和旅游目的地的稳定社会关系都会影响旅游活动。

（二）旅游媒介

旅游媒介可以分为两部分，其中一部分是信息获取媒介，信息的传播是联系游客、旅游目的地、旅游代理商的主要途径。传统信息获取途径主要包括报纸、广播及旅行社，此类途径的特点形式单一、内容浅显，仅能传播旅游目的地旅游线路及消费价格情况，不能满足游客获取最大信息的需求。随着科技的发展，多样化的现代信息传播媒介已经广泛使用，不仅形式多样化，而且可以向游客传递旅游目的地的视频、文字、图片，还包括旅游体验、评价等，传播内容较完整。另一部分是交通媒介，客源地到旅游目的地的交通是旅游活动得以实现的条件。距离衰减规律形象地描述了距离对旅游发展的重要性，完善便捷的交通一定程度上可以缩减客源地到旅游目的地花费的时间，增加游客旅游过程中的舒适度，增加旅游目的地的吸引力，拓展客源吸引半径。

（三）旅游目的地供给

旅游目的地提供给游客的资源包括旅游资源和接待能力。旅游资源和产品品质是吸引游客最主要的资源，是影响旅游目的地吸引力的基本因素。旅游资源及产品品质越高，对游客吸引力越大，游客数量越多，客源范围越大。旅游接待能力主要是指食宿接待能力、交通接待能力、旅游过程中的其他接待能力，可分为旅游活动需要的硬件设施和软件服务。硬件设施是旅游活动开展的保障，软件服务影响游客的体验和满意度，进一步影响旅游目的地的知名度及吸引力。

第三节　游客人口学结构特征分析

游客的旅游偏好受性别、年龄、学历、职业等人口学特征的影响。一般来说，男女游客的比例为男性游客多于女性游客，这与中国男女比例的构成相一致。受不同年龄游客性情、精力及体力的差异影响，相应的旅游动机和需求也不同。青少年精力充沛，但体力有限，对新鲜事物和娱乐设施比较向往，喜欢科普旅游、娱乐项目设施。中年人精力和体力都很好，向往参与新鲜事物，对有挑战惊险刺激的娱乐活动和项目比较喜爱，如探险、自驾游等。老年人精力和体力都比较有限，喜爱清静、节奏慢的旅游活动，如农家乐、休闲养生的温泉等。学历直接影响游客的审美和体验度，高学历的游客对世界了解的相对更多，游玩的目的性、参与性比较强，知识底蕴深厚的旅游活动对他们更具吸引力。中低学历的游客更易受大众活动的影响，对观光旅游活动更为热衷。职业决定了经济水平、闲暇时间等，因而对游客来说不同的职业出游时间、距离和类型均存在差异，如学生和教师有寒暑假，他们更乐意在此期间去距离远、花费时间更长的旅游目的地；企事业单位的游客闲暇时间固定，更乐意在法定节假日出游；工人和农民收入低，且无带薪休假等福利，出游概率小于其他职业。

一、游客性别结构特征分析

抽样游客中，玉龙雪山男性游客占比为53.05%，女性游客占比为46.95%；达古冰川男性游客占比为56.82%，女性游客占比为43.18%。玉龙雪山、达古雪山客源中男性游客占比高于女性游客，且处于巩固阶段的玉龙雪山景区男性游客占比低于发展阶段的达古冰川，表明旅游发展阶段越高，客源性别占比的差异越小。冰川型旅游景区客源性别占比一方面受控于当前社会的男女比例（2010年全国第六次人口普查显示社会男性占比为51.27%，女性占比为48.73%）；另一方面受控于冰川旅游目的地本身特性（冰川型旅游景区的探险性和缺氧、高寒的自然环境条件更吸引有猎奇心理、体力好的男性）。

二、游客文化结构特征分析

　　玉龙雪山和达古雪山冰川型旅游景区游客学历普遍较高，以本科及以上学历游客为主，初中及以下学历游客所占比例最小。本科及以上学历游客在两个景区所占比例均最大，达古冰川超过一半，玉龙雪山接近一半。冰川旅游目的地位置偏、海拔高，冰川旅游要承担多于其他旅游类型的交通费、索道费以及服装和氧气的费用，对于游客收入要求较高（图5-2）。

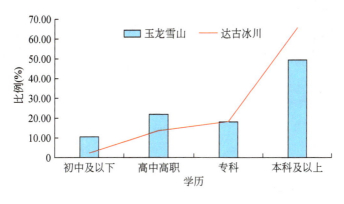

图 5-2　学历构成

　　一般来说学历与收入呈正相关关系，学历越高收入越高。高学历人群收入有保障，除此以外高学历人群对旅游目的地审美、生态需求方面要求更高，对旅游花费承担能力更强，故冰川旅游更能吸引他们。初中及以下学历游客在收入及旅游需求上均较少，故在高消费的冰川旅游目的地客源中所占比例最小（图5-2）。

三、游客职业结构特征分析

　　游客的职业构成如图5-3所示，中国冰川旅游景点同其他类型的旅游景点一样（刘海洋，2013；申晓素，2016；张娇，2016），游客的职业背景以企事业单位所占比例最大。企事业单位职员同时具有旅游所需要的灵活时间及高收入特性，是中国旅游产业发展的最大贡献者。数量仅次于企事业单位职员的是学生，主要是因为学生处于接受新知识的阶段，喜欢科普游，相对于其他群体，对科普基地和有"地球记忆"之称的冰川旅游目的地的出游欲强，且出游经费靠父母资助，经济压力小，节假日时间充裕，是冰川旅游目的地游客的重要组成部分。总体来说，冰川型旅游景点职业构成中比例较小的为离退休、科研、工人、农民。离退休群体受限于体力，科研群体人数本就少，工人和农民受限于高额消费。值得注意的是，随着经济发展和生活水平的提高，工人和农民可能是未来冰川旅游不可或缺的重要新增点。

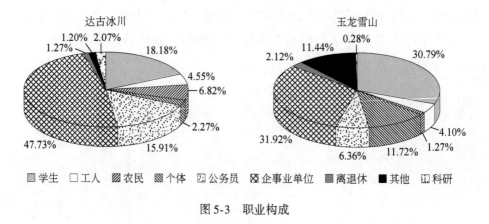

图 5-3　职业构成

四、游客年龄结构特征分析

游客年龄结构被划分为：<18 岁（未成年）；18～40 岁（青年）；41～60 岁（中年）；>60 岁（老年）。冰川型旅游目的地青年游客所占比例最大，超过 60%；其次为中年游客，未成年和老年游客所占比例较小（图 5-4）。处于旅游发展巩固阶段的玉龙雪山以 18～40 岁的青年游客为主，所占比例为 73.14%；中年和青年游客所占比例达到 85.88%。处于旅游发展阶段的达古冰川青年游客所占比例为70.45%，青年和中年游客所占比例达到 90.9%。这符合各年龄段对旅游类型的偏好，即青年和中年游客精力旺盛、体力充沛，喜爱有挑战、新奇的旅游景点，而冰川旅游正好可以满足其旅游需求。而未成年和老年游客，喜爱体力耗费小、游乐设施多的景区，故在冰川旅游景区，此类游客所占比例较小。同时，因玉龙雪山科研工作开展较早，其科普和科考优势能满足未成年科普游需求，故未成年游客所占比例高于达古冰川。

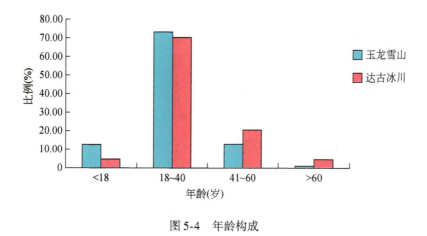

图5-4　年龄构成

第四节　游客消费行为结构特征分析

游客出游方式对游客出游习惯、消费能力、消费结构具有重要影响。对游客出游方式的调查有助于旅游目的地的市场营销、旅游产品的改造和创新，有利于旅游交通设施和旅游目的地系统的升级改造，从而促进旅游业快速发展。

一、游客出行方式分析

目前玉龙雪山游客出行方式主要为跟团游，其中包括客源地跟团和丽江市散团，占游客总量的61.60%，散客出行占38.4%。目前达古冰川游客主要采取散客出行的方式，尚无游客跟团出行，在此，跟团出行比例设为0，散客出行比例设为100%。从这两个典型冰川旅游目的地游客出行方式基本可以得出，冰川型旅游目的地与游客出行方式的关系：冰川旅游发展越成熟，出行方式中跟团出行的比例越高，散客出行的比例越低。这一点与刘海洋等（2013）的研究结论相反，沙漠型旅游的发展越成熟，游客越偏向于散客出行。由于冰川型旅游景区多分布于深山之中，自城市到景区多为盘山公路，不适合对道路不熟悉的自驾游，出于对安全和交通花费的考虑，游客更倾向于跟团出行，景区冰川旅游发展越好，游客越多，对口旅行团发展越完善成熟，跟团率越高。

二、游客出行时间分析

由于冰川资源的特殊性，玉龙雪山和达古冰川景区均内未设置供游客住宿的场所，其原因一方面是冰川作为一种特殊的自然资源对气候环境变化极为敏感，冰川区环境较脆弱，人工建筑对环境影响大；另一方面是冰川型旅游景区海拔较高，气压、温度等自然条件和复杂的构造地貌条件不适合人类居住。考虑到这两方面因素，即出于对景区环境保护和游客安全的考虑，景区管理机构要求冰川型旅游景区内除几个少数民族原始村落的居民①外，游客游玩当天必须离开景区，所以游客滞留游玩的时间仅为一天。然而，冰川型旅游景区具有丰富的地质遗迹景观，可供观赏景点丰富，通常一天时间游玩要么"走马观花"，行程较赶，要么许多景点无暇游玩，显然不能满足游客的游玩需求，这也是冰川旅游发展面临的一个巨大难题，各景区都在试图寻找合适的解决方案。

三、游客消费结构分析

游客在景区内旅游消费可以划分为固定消费和额外消费，固定消费也可以称为基本消费，包括景区内的门票、交通、住宿、伙食费等；额外消费包括娱乐项目及购物消费等②。冰川型旅游目的地的游玩流程基本为：①景区门口换乘环保大巴/电瓶车→索道口换乘观光索道→冰川区，沿栈道观光游玩；②乘坐电瓶车或步行到达各非现代冰川景观区游玩。因此，各景区的固定消费只考虑景区门票、索道费、环保大巴、电瓶车、餐饮费用，因景区内尚未设置供游客住宿的场所，故无住宿消费。

一般来说，景区开发越成熟、娱乐休闲项目越多，游客的额外消费越多。玉龙雪山固定费用为380元，达古冰川固定费用为370元，统计结果显示，游客在玉龙雪山消费以>2500元为主，所占比例为61.10%，其他消费区间所占比例较小（图5-5）。玉龙雪山冰川旅游发展相对成熟，旅游设施完善，旅游产品呈多元

---

① 原始村落主要为玉龙雪山的甲子村以及达古冰川的三达古村。
② 固定费用：玉龙雪山门票130元、索道费180元、环保大巴40元、电瓶车30元；达古冰川门票120元、索道费180元、观光车70元。

化，景区除乘坐索道至现代冰川区体验冰雪乐趣外，可以到云杉坪、牦牛坪游玩，还可以在高山草甸上远观冰川、感受藏族文化、倾听纳西族爱情传说，在甘海子观看《印象·丽江》，了解丽江各少数民族的传统文化，到蓝月谷欣赏漂亮的冰川湖泊等。游客滞留时间越长，参与项目越多，额外消费越高，据统计，门票收入仅占景区总收入额的30%左右[①]。游客在达古冰川消费以500～1000元为主，所占比例为34.09%（图5-5），景区内除冰川观赏所需花费的固定消费外，未设置其他娱乐休闲项目，游客消费以固定消费为主，因此在游客娱乐项目设置上有待改善。

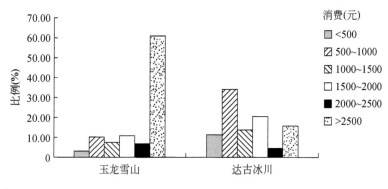

图5-5　游客消费结构

四、游客信息获取途径

游客获取景点相关信息的途径是景区选取营销方式和有针对性宣传的重要参考，本研究将其划分为报纸杂志、电视广告、互联网、旅行社、亲友同事介绍、其他共6类。从抽样调研结果可以看出，中国冰川旅游目的地游客获取相关冰川旅游信息的途径符合当前广告媒体市场发展规律，同时也与各类冰川旅游目的地的发展和知名度密切相关。其中，以报纸杂志为信息获取途径的游客所占比例最小，达古冰川景区所占比例为0，玉龙雪山为0.20%，基本可以忽略不计。除此以外，以电视广告为信息获取途径的游客所占比例也较小，已有数据表明，随着科技的飞速发展，包括电视、电台、报纸杂志等在内的中国传统广告市场出现了急剧下降的现

---

①　景区门票收入及总收入数据来自丽江玉龙雪山省级旅游开发区管理委员会。

象，这一现象被相关专业人士称为传统媒体广告的"断崖式"下降，当然取而代之的是互联网，各景区通过互联网发布相关信息，以互联网为信息获取途径的游客所占比例均高于25%，玉龙雪山景区此类信息获取途径所占比例最高，这也是该景区知名度高和营销方式成功的表现。达古冰川景区以亲友同事介绍为信息获取途径的游客所占比例最高，靠亲友同事介绍是旅游发展处于早中期的标志之一，仅靠亲友同事介绍的游客数量增长速度相对较慢，该比例高也说明其知名度和营销方式有待改善。玉龙雪山游客信息获取途径所占比例排第二位的是旅行社，而达古冰川通过旅行社获取信息的游客所占比例为0，这与其游客出行方式跟团率高而达古冰川无跟团出行有关（表5-2）。

表5-2　旅游信息获取途径　　　　　　　　　　　　　　　（单位:%）

景区	报纸杂志	电视广告	互联网	旅行社	亲友同事介绍	其他
玉龙雪山	0.2	2.4	33.9	31.7	12.4	19.3
达古冰川	0	13.64	29.55	0	45.45	11.36

五、游客满意度分析

游客满意度可以反映游客的游玩体验并直接影响重游率，可以为景区治理和管理提供很好的参考。本研究将游客满意度分为非常高、高、一般、低、非常低五类。整体来说，游客对冰川旅游目的地的评价很高，两个旅游景区游客满意度高和非常高所占比例均超过50%，游客满意度低和非常低所占比例未超过5%，表明游客对于冰川这个大自然赋予人类资源的旅游体验非常好（表5-3）。

表5-3　游客满意度调查　　　　　　　　　　　　　　　（单位:%）

景区	非常高	高	一般	低	非常低
玉龙雪山	16.63	51.83	29.58	1.71	0.24
达古冰川	68.18	15.91	15.91	0	0

玉龙雪山景区游客满意度非常高和高两类所占比例为68.46%，游客满意度整体较高，1.95%的游客满意度低或非常低，这部分游客反映的主要问题可以总结为有待提高服务质量、增加新型娱乐项目及旅游产品。具体包括：景区客流量过大，排队等候时间过长；休息区环境卫生有待改善，需加强对环境保护监管力度；需开发线路，增加互动娱乐项目；需规范导游，正确引导游客购买氧气4个方面。达古冰川景区游客满意度相当高，满意度非常高和高两类所占比例为84.09%，满意度低和非常低的评价没有。尽管满意度高，但游客仍然提出了只观看雪景、未见冰川，基础设施差，项目单一，服务态度差，解说体系不完善等问题。这一方面说明达古冰川的旅游资源禀赋确实高，另一方面说明基础设施及服务和旅游项目亟待完善。此外两个景区游客均反映希望在购票前直播山顶风景，使游客享受知情权，然后再决定是否消费上山。这主要与冰川区的气候特性有关，天气多变，如有雾冰川则被遮蔽，严重影响了游客旅游体验度。

第五节　客源市场时间结构特征对比分析

一、年际变化特征

（一）客流量年季变化

2016年，玉龙雪山客流量为384万人次，达古冰川客流量为13万人次，二者客流量相差悬殊（图5-6）。2012年以来玉龙雪山客流量保持平稳增长趋势，从2012年的约320万人次上涨到2016年的384万人次。达古冰川客流量在2012~2014年以每年48.12%的增幅上升，2014年客流量超过13万人次。达古冰川与玉龙雪山相比，其增长速度远大于玉龙雪山，主要是由于达古冰川处于冰川旅游的发展阶段，随着达古冰川各项配套旅游服务设施的逐渐完善以及知名度的不断提高，客流量增长速度较快，而玉龙雪山冰川旅游规模已经形成并处于巩固阶段，客流量增长速度慢于发展阶段，为平稳增长。达古冰川客流量较2014年呈负增长，客流量有所下降。

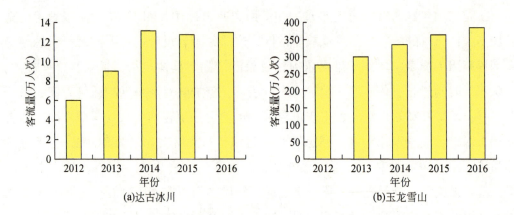

图 5-6　达古冰川与玉龙雪山客流量年际变化

（二）基于灰色 GM（1，1）模型的客流量预测

客流量预测是旅游管理者依据现有发展趋势合理调控游客数量，制订旅游规划、调整景区发展策略的依据。作为一种专项旅游类型，未来几十年间冰川旅游目的地必将迎来更多游客。高海拔冰川区是世界上最敏感的自然区域之一，为避免冰川景区盲目开发、保持合理可持续的良性发展，预测客流量十分必要。

客流量预测的模型包括时间序列模型、计量模型和人工神经网络模型三类，其中人工神经网络模型因其适用性和包容性强的特点最为常用。灰色系统理论由邓聚龙教授于 20 世纪 80 年代提出，适用于解决信息不全问题（邓聚龙等，1987）。客源市场游客数量变化受政治、经济、社会等诸多因素影响，这些因素具有部分信息不全的特征，属于灰色系统。所以人工神经网络模型中的灰色模型自然成为解决客源预测的有力工具之一。本书以玉龙雪山为例，采用灰色 GM（1，1）模型对冰川型旅游目的地的客流量进行预测。

灰色 GM（1，1）模型是单序列一阶线性模型，通过将时间序列转化为一阶微分方程进行建模。若记客流量数列为 $X^{(0)}(i)=\{X^{(0)}(1),X^{(0)}(2),\cdots,X^{(0)}(n-1),X^{(0)}(n)\}$，建立模型前对原始数据进行预处理。

预处理步骤如下。

1）对原始数据进行累加 $X^{1}(i)=\sum_{i=1}^{n}X^{(0)}i$，得到累加后的序列 $X^{(1)}(i)=\{X^{(1)}(1),X^{(1)}(2),\cdots,X^{(1)}(n-1),X^{(1)}(n)\}$。

2）对累加后数据进行滑动平均，构建新的序列，记为 $\{X^{(2)}(i)\}$。其中 $X^{(2)}(1)=$ $-(X^{(1)}(1)+X^{(1)}(2))/2$，其余元素以此类推。

3）构造数列 $Y_n=\{X^{(0)}(2),\cdots,X^{(0)}(n-1),X^{(0)}(n)\}$ 和矩阵 $\boldsymbol{B}$。

$$\boldsymbol{B}=\begin{bmatrix} X^{(2)}(1) & 1 \\ \vdots & \vdots \\ X^{(2)}(n) & 1 \end{bmatrix}$$

建模步骤如下。

1）构造灰色 G（1，1）模型的基本微分公式，即 $\frac{\mathrm{d}X^{(1)}}{\mathrm{d}t}+aX^{(1)}=u$，其中 a 为发展灰数；u 为内生控制灰数。通过最小二乘法得到 a、u，令 $\hat{a}=(\boldsymbol{B}^{\mathrm{T}}\boldsymbol{B})^{-1}\boldsymbol{B}^{\mathrm{T}}Y=\begin{bmatrix} a \\ u \end{bmatrix}$；

2）$X^{(1)}$ 的灰色 G（1，1）模型为 $X^{(1)}(k+1)=\left[X^{(1)}(1)-\frac{u}{a}\right]\mathrm{e}^{-ak}+\frac{u}{a}$；

3）$X^{(0)}$ 的灰色 G（1，1）模型为 $X^{(0)}(k)=X^{(1)}(k+1)-X^{(1)}(k)$，其中 $X^{(0)}(k)$ 为预测值。

将玉龙雪山 2006~2016 年客流量代入模型中，得到 $a=-0.083\,265\,57$，$u=161.207\,563\,3$，即预测模型 $X^{(1)}(k+1)=2\,125.065\,111\mathrm{e}^{-0.083\,265\,57k}-1\,936.065\,11$，预测结果见表5-4。模型精度检验时，计算相对误差和绝对误差，相对误差不超过2%，就可认为模型的拟合精度较高。本节客流量的预测值相对误差大多数不超过2%，相对误差平均值为0.10%，故认为模型预测结果高度可信。依据此模型预测得到 2017~2020 年玉龙雪山客流量数据为 $\{2017,2018,2019,2020\}\rightarrow\{424.29,461.13,501.17,544.69\}$，即 2020 年玉龙雪山的游客数量将达到 544.69 万人次。

表5-4 玉龙雪山客流量预测结果

指标	2006 年	2007 年	2008 年	2009 年	2010 年	2011 年	2012 年	2013 年	2014 年	2015 年	2016 年
原始数据（万人次）	189	182	190	232.2	234.7	261.5	276	300.8	335.7	365.3	384.05
预测值（万人次）	189	184.52	200.54	217.96	236.88	257.45	279.80	304.10	330.50	359.20	390.39
绝对误差	0	-2.52	-10.54	14.24	-2.18	4.05	-3.80	-3.30	5.20	6.10	-6.34
相对误差（%）	0	1.38	5.55	-6.13	0.93	-1.55	1.38	1.10	-1.55	-1.67	1.65

注：预测值保留两位小数

二、客源市场季节变化特征分析

从图5-7可以看出，7月、8月和10月为冰川旅游目的地客流量高峰期，主要受游客对差异性环境的需求和法定节假日的影响。7月、8月的高峰期受气候影响，表现为游客寻找环境差异性，即与自己所居住环境不同的地方。同时，7月、8月国内普遍气温较高，游客避暑旅游需求强烈，冰川型旅游景点的最大特点是气温低，可以满足游客对温度的需求，故此时期冰川旅游景点客流量大。而10月有"黄金周"，是游客出游的频发期，各类型景区客流量均较大。2012～2016年，各月客流量波动明显，客流量季节变化整体上呈现出"三峰夹两谷"特征，然而两个景区峰值和谷值出现的时间有很大差异。玉龙雪山在4月、8月、10月达到峰值，影响因素有很多，然而可以明显看出，4月和10月的峰值主要受游客闲暇时间的影响，主要表现为"清明节""五一""十一"的旅游流高峰期。达古冰川则在2月、7月、8月出现小高峰，10月、11月出现大高峰（冰川+彩林组合景观）。2012～2013年的1月客流量多于2月和3月，自2013年后，2月客流量均多于1月和3月，出现了客流量小高峰，可能原因是受春节的影响，春节期间闲暇时间长，游客出行率高。

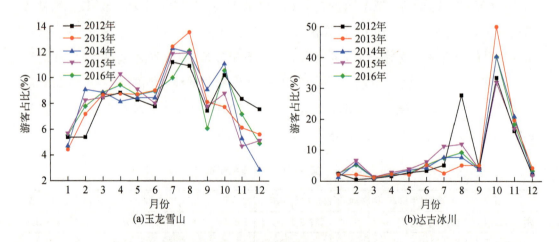

图5-7　玉龙雪山与达古冰川客流量季节变化

为进一步分析客流量随季节的变化趋势，计算2012～2016年各月客流量的平均占比。可知，玉龙雪山2012～2016年平均客流量季节变化特征不明显，只在

7~8月客流量有小高峰，其他月份波动并不显著。达古冰川客流量季节变化特征明显，依旧为2月、8月的小峰值和10月的大峰值，占客流量的39.2%，接近年客流量的2/5（图5-8）。利用季节性强度指数定量分析两个景区客流量各月变化强度，得到2012~2016年平均季节性强度指数，其中，玉龙雪山为2.26，达古冰川为10.83。可以看出中国处于不同发展阶段的冰川型旅游目的地是否受季节性的影响，存在很大差异。近几年，玉龙雪山客流量季节性强度指数整体上呈缓慢下降趋势，而达古冰川则呈波动下降趋势，且波动幅度较大。此外，处于冰川旅游发展巩固期的玉龙雪山下降趋势缓慢，季节性强度指数远低于发展期的达古冰川（表5-5）。

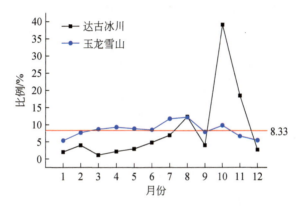

图5-8　2012~2016年月平均客流量季节变化

表5-5　2012~2016年季节性强度指数变化

年份	玉龙雪山	达古冰川
2012	1.77	10.77
2013	2.48	13.41
2014	2.75	10.94
2015	2.26	8.44
2016	2.06	10.56

以月平均客流量比例8.33%为标准，划分淡旺季（图5-8），则玉龙雪山旺季为3~8月、10月，占年客流量的68.12%，客流量的最大值出现在8月。达古冰川旺季较短，为8月、10月、11月，占年客流量的69.77%，最大值出现在10月。

第六节 客源市场空间结构特征影响因素分析

一、客源市场集中度分析

达古冰川 2014~2016 年客源市场集中度逐渐减小，平均值为 76.40，玉龙雪山存在微小波动 $G_{2015}>G_{2016}>G_{2014}$，平均值为 27.84。一般而言，旅游管理和营销方案逐步完善成熟，客源市场集中度指数会逐渐下降。达古冰川客源市场集中度逐渐下降是景区旅游发展的体现。而玉龙雪山客源市场集中度的波动原因可能是随着冰川旅游发展进入巩固阶段，客源市场稳定，集中度减小到一定程度会在波动中逐渐趋于平稳。达古冰川的整体客源市场集中度明显高于玉龙雪山，表明玉龙雪山客源市场相对较分散，达古冰川客源市场更为集中，客源市场集中虽然有利于进行有针对性的宣传活动，但是过于集中不利于经营的稳定，一旦其主要市场发生波动就有可能影响该区冰川旅游整体的发展（表 5-6）。

表 5-6 达古冰川与玉龙雪山客源市场集中度变化

景区	2014 年	2015 年	2016 年
达古冰川	85	76.68	67.51
玉龙雪山	22.2	31.22	30.1

二、客源吸引半径

2014~2016 年，两个景区客源吸引半径计算结果见表 5-7。玉龙雪山和达古冰川三年客源平均吸引半径分别为 2371km、501.90km，该范围内玉龙雪山景区游客所占比例约为 40%，达古冰川则超过 60%，表明前者旅游地吸引力及吸引力辐射范围大于达古冰川，且玉龙雪山为中远程客源市场，达古冰川为近域客源市场。

表5-7　玉龙雪山和达古冰川客源吸引半径变化　　　　　　（单位：km）

年份	玉龙雪山	达古冰川
2014	2342	397.51
2015	2371.83	474.52
2016	2399.18	633.67

两个景区2014~2016年吸引半径数据呈现明显的上升趋势，表明两个景区吸引力不断增强。玉龙雪山客源辐射范围以每年20多千米的速度向外辐射，达古冰川旅游辐射速度比玉龙雪山迅速，每年辐射范围约达80km，与其处于冰川旅游发展阶段通过各种途径进行宣传提高知名度有关，而玉龙雪山已具有较高的知名度，旅游发展趋于成熟。

三、空间使用曲线分析

当前信息化、技术化改革使传统的距离衰减规律，即客流量随距离加大而减小的影响下降，现行的规律往往是几种线形的复合。从空间使用曲线图（图5-9）来分析，玉龙雪山客源空间分布呈现"峰+谷"形状，曲线为Boltzman曲线、"U"形曲线的复合，显然不符合距离衰减规律，表明距离并非是影响其客源空间分布的主要因素。2014~2016年，达古冰川客源空间分布曲线较简单，基本符合距离衰减规律，近域客源所占比例较大，且1000km以内距离变化对客源空间分布影响较大，1000km以外距离的影响减弱。

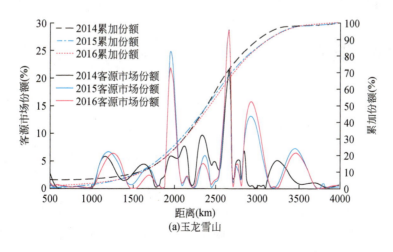

(a)玉龙雪山

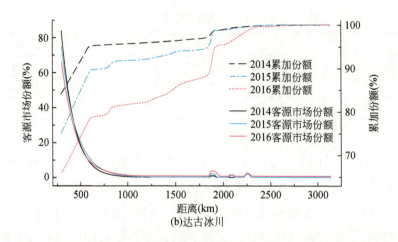

图 5-9　玉龙雪山和达古冰川客源空间使用曲线

　　玉龙雪山客源空间分布在 1000 ~ 1500km、1500 ~ 1750km、1850 ~ 2080km、2400 ~ 2700km、2800 ~ 3100km、3200 ~ 3700km 呈现 Maxwell- Boltzman 曲线；在1250 ~ 1750km、1750 ~ 2000km、2000 ~ 2700km、2700 ~ 3000km、3000 ~ 3500km 呈现"U"形曲线。客源市场份额在 1900km、2600km、2900km 附近出现大高峰，在1300km、1600km、3400km 附近出现小高峰，并在峰值两侧游客比例呈下降趋势。1000 ~ 1500km 有重庆，1500 ~ 1750km 有广西、海南，1850 ~ 2080km 有广东、湖北，2400 ~ 2700km 有江苏、浙江，2800 ~ 3100km 有北京、山东、上海，3200 ~ 3700km 有辽宁，这些地区都是玉龙雪山景区重要的客源市场，均为经济大省（自治区、直辖市）或人口大省（自治区、直辖市），显然客源地经济因素和人口因素对玉龙雪山客源空间分布的影响很大。

四、客源市场划分

　　以客源份额 1% 和 5% 为界限，将玉龙雪山和达古冰川的客源市场划分为核心市场（>5%）、重要市场（1% ~ 5%）、机会市场（<1%）（图 5-10）。玉龙雪山的核心市场为辽宁、山东、江苏、浙江、广东五省，占客源市场的 65.29%，重要市场为云南、四川、湖南、江西、湖北、河南、福建、重庆、山西、河北、北京 11 个省（直辖市），占客源市场的 28.56%，其余省（自治区、直辖市）为机会市场。可知玉龙雪山的核心市场主要分布于东部沿海地区，重要市场也没有完全围绕着景区周围向

外分布，这也进一步印证了玉龙雪山的客源市场分布受距离的影响较小。此外，这些地区均为经济大省（自治区、直辖市）或人口大省（自治区、直辖市），由此我们可以大胆推测影响玉龙雪山客源市场分布的主要因素可能为经济或人口水平。

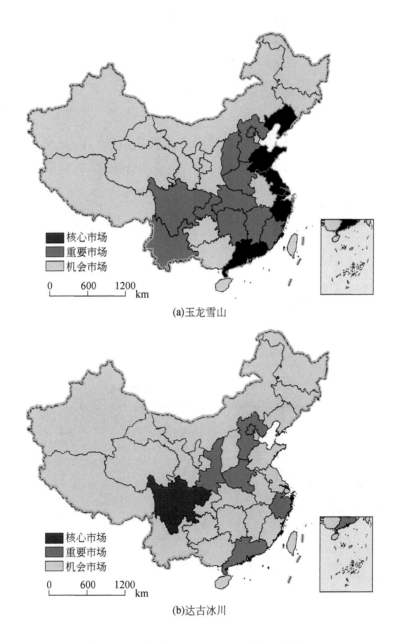

(a)玉龙雪山

(b)达古冰川

图 5-10　玉龙雪山和达古冰川客源市场划分

　　达古冰川的核心市场仅为距离较近的四川和重庆，占客源市场的比例高达78.61%，核心市场高度集中。重要市场为陕西、河南、河北、北京、浙江、广东，占客源市场的13.59%。四川、重庆、河南、陕西等距离景区较近，为达古冰川主要近域客源市场，显然距离是影响客源分布的主要因素。此外，广东、浙江、北京等为经济发达地区，因此认为经济发达水平为次要影响因素。

五、客源市场空间结构影响因素

　　经济水平是旅游得以实现的物质基础，直接影响游客的出游率、消费水平，人口因素影响出游人数。为了进一步验证对玉龙雪山客源空间分布影响因素的推测，选取了总人口、城镇人口、人均 GDP、人均可支配收入、居民消费水平、距离六项指标对玉龙雪山 2016 年的客源比例进行相关性（表 5-8）及主成分分析（表 5-9）。

表 5-8　玉龙雪山 2016 年各因素相关性分析

景区	总人口	城镇人口	人均 GDP	人均可支配收入	居民消费水平	距离
玉龙雪山	0.496 **	0.692 **	0.545 **	0.628 **	0.657 **	0.083

＊＊在 0.01 水平（双侧）上显著相关

表 5-9　玉龙雪山 2016 年主成分分析

玉龙雪山	成分	
	1	2
总人口	0.134	0.912
城镇人口	0.356	0.819
人均 GDP	0.960	-0.137
人均可支配收入	0.956	-0.113
居民消费水平	0.966	-0.106
距离	0.497	-0.241

　　由相关性分析可知，玉龙雪山的客源比例与人均 GDP、人均可支配收入、居民消费水平、总人口和城镇人口都有很好的相关性，与距离的相关性较小。其中，与

人均可支配收入、居民消费水平及总人口呈显著相关，且人均可支配收入和居民消费水平显著相关性更高。

为了进一步定量分析影响因素的顺序，进行主成分分析。特征值大于1的成分有两个，所以提取两个主成分，第一主成分方差为51.82%，超过50%，方差贡献率最大，可以看成是影响客源分布的最大因素（表5-10）。前两个主成分的累积方差贡献率达到了83.95%，因此认为所提取的两个主成分足以描述原始数据，可以代替六项指标。其中第一主成分的人均GDP、人均可支配收入、居民消费水平系数高，可以看成是反映经济水平的指标，第二主成分的总人口、城镇人口系数较大，可以看成是反映人口的指标。综上，可以认为影响玉龙雪山客源分布的因素首先是经济水平，其次是人口，距离的影响较小，这也进一步印证了空间使用曲线线形及客源市场划分中的推测。

表5-10　解释的总方差

成分	初始特征值			提取平方和载入			旋转平方和载入		
	合计	方差（%）	累积（%）	合计	方差（%）	累积（%）	合计	方差（%）	累积（%）
1	3.109	51.824	51.824	3.109	51.824	51.824	3.045	50.754	50.754
2	1.928	32.129	83.953	1.928	32.129	83.953	1.992	33.199	83.953
3	0.834	13.892	97.846						
4	0.093	1.544	99.390						
5	0.024	0.406	99.797						
6	0.012	0.203	100.000						

注：提取方法为主成分分析法

第六章 达古雪山冰川旅游可持续性风险与客源市场结构问题

达古冰川已发展成为中国第三大冰川旅游目的地。然而，达古冰川退缩急剧，如此强烈的退缩趋势与中国西南地区季风型海洋冰川变化相一致，未来冰川旅游可持续发展的潜在风险极大，急需未雨绸缪，做好适应性管理。其中，最有效的管理办法就是从同质景区冰川旅游保护性开发中汲取经验和试验示范技术、方法，以用于达古冰川未来旅游健康、持续发展。

第一节 达古冰川旅游概况

达古冰山地处横断山脉北部，隶属长江流域岷江水系，是青藏高原东缘少有的几处受东南季风影响的现代海洋型冰川分布区，境内最高海拔为5286m，最低海拔为1790m，相对高差为3496m。较大的海拔落差和适宜的气候条件，使达古冰川、森林、草原与民俗风情相依共存。达古冰川极高的海拔地形和丰沛的冬春季降水，使该区比其他同纬度地区分布有更多的现代冰川，可作为冰川旅游目的地发展旅游，带动地方生态文明建设。

达古冰川风景名胜区位于国家4A级旅游景区和国家地质公园内，景区最初游览区规划面积为210km^2，旅游核心区面积为119km^2。景区可开发的旅游资源包括现代冰川、第四纪冰川地质遗迹、彩林、藏民风俗、藏猕猴川金丝猴观赏、红色文化体验，目前以冰川和彩林为主。受气候变化影响，景区景观季节性变化明显，有"春季观赏高山杜鹃花，夏季观赏冰川，秋季观赏彩林，冬季观赏冰雪"之说。

达古冰川科研和旅游开发较晚，山体隐藏在群山之中，鲜人所知，直到1992年日本科学家通过卫星发现达古冰川，自此出现在世人眼前，日本科学家随后对达古冰川进行考察。另外，20世纪70年代四川省地质矿产勘查开发局进行基础地质调查，2001 年中国科学院·水利部成都山地灾害与环境研究所和四川省林业勘察设计研究院对该区冰川分布开展了调查，除此以外该区的研究相对较少。区内林海雪原、炊烟袅袅被著名作家阿来誉为"最近的遥远"，使达古冰川知名度有了一定的提高，一些游客陆续前来。随着中国旅游大环境的到来和旅游人数的增多，在四川省及阿坝藏族羌族自治州政府的支持下，2003 年成立达古冰川风景名胜区管理局，开始筹建和开发景区。景区设立了边界，改善了景区内的交通条件，修建了游客管理中心和旅游基础接待设施，2008 年 3 月建成了全球海拔最高的索道，索道从海拔 3620m 的景区山脚下一直到海拔 4860m 的冰川末端，全长 3400m，旅游景区粗具规模。景区于 2008 年 5 月 1 日正式开放，但在 10 天后受汶川地震的影响被迫关闭，震后进行重建工作，直至 2010 年 5 月再次开放，并于 2010 年 10 月通过了国家 4A 级旅游景区验收，2015 年被评选为省级地质公园。地震影响景区开放进程，2008 ~ 2010 年搁置，随后景区虽一直试图完善基础设施，但其指示牌体系、解说科普体系及基础服务设施（休息区、厕所、垃圾箱等）仍存在缺陷，并且达古冰川依托的黑水县旅游接待能力有限，旅游配套设施（如食宿等）尚不具备足够的接待能力。由于知名度及基础设施的不足，景区的旅游发展规模相对玉龙雪山、海螺沟冰川景区来说较小，游客数量较少，2016 年游客数量为 13 万人次。目前，达古冰川风景名胜区管理局正致力于营销宣传，逐步提高景区知名度。

第二节　达古冰川旅游发展生命周期

Butler（1980）的旅游发展生命周期理论认为旅游目的地的发展经历探查、参与、发展、巩固、停滞、衰落或复苏六个阶段。①探查阶段。该阶段是旅游发展的最初阶段，只有个别散客，尚没有专门为游客准备的旅游设施，旅游目的地仍是最原始的面貌，没有人工景观。②参与阶段。该阶段伴随着游客数量的增加，当地居民开始从为游客服务中获取利益，并根据游客出游季节调整自己的时间，旅游设施出现，旅游目的地的范围划定，地方政府逐步参与进来，并改善旅游所需要的基础设施和交通。③发展阶段。该阶段旅游目的地的营销手段已经出现，包括通过各种媒介和旅游者进行宣传。该阶段外来资本开始加入，旅游基础设施及食宿接待能力有所改善，旅游规模有所扩大，游客数量迅速增加，旅游市场逐渐成熟。原始的自然面貌中开始出现人工干预现象。④巩固阶段。该阶段游客的增长率下降，但游客数量继续增加，旅游目的地的主要经济活动均与旅游活动有关，游客市场受季节的影响变小甚至消失。旅游目的地出现分区，如娱乐区和商业区，现有设施为满足需求需要进行更新。⑤停滞阶段。该阶段游客数量达到最大环境容量，相应的环境、社会问题出现，旅游目的地对回头客的依赖变强，现有接待设施出现剩余，保持目前规模变得吃力。人文景观或人工设施成为游客的主要吸引源，自然景观的吸引力迅速下降或逐步消失。⑥衰落或复苏阶段。该阶段有两种情况，一种是衰落阶段，该阶段旅游目的地对游客吸引力下降，竞争力下降，吸引范围减小，游客数量减少。因旅游业进入衰退期，房子等固定资产出售率上升，旅游设施逐渐减少，直至消失，但该部分设施对当地人吸引力大，他们会低价购入，然后转变旅游设施的原有职能，使旅游目的地逐渐减弱或者失去旅游功能。另一种是复苏阶段，当然如果想进入该阶段旅游目的地的吸引力必须发生相反的改变，使原来旅游目的地吸引力增加的途径有两种：其一是转变原有旅游类型，增加人工景观，但这种方法可能会毁坏旅游目的地生态环境，此外如果同类型景点也模仿此种改变，则效果会大打折扣；其二是充分开发原来未开发的自然资源，使旅游目的地重焕活力。

达古冰川开发较晚，自2003年开始筹建，受汶川地震的影响真正正式开放时间为2010年5月，游客数量不多，知名度小。根据达古冰川旅游发展历程及现状将其分为三个阶段：探查阶段（2003年以前）、参与阶段（2003～2010年）、发展阶段（2011～2016年）。2003年以前达古冰川为少数人所知，陆续有零星游客到来，尚不存在固定的旅游设施，政府性质的组织也没有正式成立，故划为探查阶段。2003～2010年，在达古冰川风景名胜区管理局的参与下，开始建立基础的旅游设施，修建公路，于2008年开通索道，旅游发展条件得到很大改善，但旅游目的地仍保有自然面貌，并无人工景观。随着游客数量逐渐增多，当地的居民开始经营一些小店为游客提供吃穿住行服务，因游客到来的季节主要为夏秋季，居民原有的生活方式也随之改变，变为夏秋季为游客提供服务而春冬季从事农牧业活动，形成了较为稳定的近域客源市场。2008年5月受汶川地震影响景区被迫关闭，直到2010年才重新开始运营，这严重阻碍了旅游进程的发展，直接影响了景区发展步伐。自2010年景区重新开放以来，管理者致力于提高景区知名度，做了大量工作，包括在电视、互联网、广告牌等媒介上投放广告，邀请电影、电视剧组在达古冰川取景，举办摄影大赛、自行车赛等赛事及，利用扎西登波节、冰雪旅游节等节日进行促销，并积极参加旅游推介会、博览会等，逐步提高了知名度并吸引了大量游客，旅游市场向着良性方向发展。同时，为满足高层次旅游者的需求，黑水县建立了两个五星级酒店：达古冰川大酒店和芦花大酒店。图 5-6（a）可以看出，除2015～2016 年外，自 2011 年以来，游客数量呈逐年快速增长趋势，旅游规模逐渐扩大，收入稳步增长。期间旅游基础服务设施得到不断完善，经营方式得到改进。其中，2015～2016 年游客数量较 2014 年呈负增长，即游客数量下降，主要是由于期间景区管理出现问题，管理者没有及时调整收入分配。随后管理者调整了分配方案，转变管理方式，依据景区内的生态概况放宽对居民旅游经营的限制，设立固定区域允许居民销售特色传统小吃及物品，丰富了景区单一的观光项目，增强了景区吸引力。

综上所述，2011～2016 年达古冰川的旅游已经逐步进入发展阶段，但值得注意的是，由于知名度不够，游客数量相对其他冰川旅游目的地仍较少，外来资本没有看到发展的潜力，截至目前景区尚无外资注入，且尽管经过整改，黑水县的游客接待能力仍有限，只有两三个星级酒店，景区内解说、指示、科普体系仍存在欠缺，详细的科考工作也是近两年才开展。可以预测，达古冰川旅游的发展阶段将会持续较长时间。

第三节　同质景区概况

一、国外同质景区

由于冰川或冰川遗迹景观分布的特殊性，许多国家也因冰川或冰川遗迹而闻名，如尼泊尔朗塘国家公园、加拿大的贾斯珀国家公园（Jasper National Park）、阿根廷的洛斯格拉兹阿勒冰川国家公园（Los Glacier National Park）以及新西兰的蒂瓦希普纳姆公园等。这里选择几处国外著名国家级冰川公园（表6-1）简要介绍，作为达古冰川公园乃至中国未来冰川旅游资源深层次保护性开发的典型案例参考。

表 6-1　国外典型冰川旅游目的地概况

冰川旅游目的地	国家	目的地面积（km²）	建立年份	主要吸引物	冰川旅游活动
贾斯珀国家公园（Jasper National Park）	加拿大	10 878	190	哥伦比亚冰原（Columbia Icefield）、阿萨巴斯卡冰川（Athabasca Glacier）	冰川快车、冰川徒步、博物馆科普旅游

续表

冰川旅游目的地	国家	目的地面积（km²）	建立年份	主要吸引物	冰川旅游活动
洛斯格拉兹阿勒冰川国家公园（Los Glacier National Park）	阿根廷	7 269.27	1937	佩里托莫雷诺冰川（Perito Moreno Glacier）	冰川徒步、攀冰、冰洞体验、冰川巡游
百内国家公园（Torres del Paine National Park）	智利	1 814	1959	葛雷冰川（Grey Glacier）、狄克森冰川（Dickson Glacier）	冰川徒步、攀冰、冰川巡游
瓦斯卡兰山国家公园（Huascarán National Park）	秘鲁	3 400	1960	帕斯托鲁里冰川（Pastoruri Glacier）	冰川徒步
蒂瓦希普纳姆公园（Te Wahipounamu Park）	新西兰	26 000	1990	弗朗茨·约瑟夫冰川、福克斯冰川、塔斯曼冰川	冰川徒步、攀冰、航空鸟瞰、冰川巡游、夏季冰川滑雪、冰川探险
伊卢利萨特冰湾（Ilulissat Icefjord）	丹麦	402.4	2004	伊卢利萨特冰川（Ilulissat Glacier）	越野滑雪、雪橇旅行、冰川巡游、航空鸟瞰、冰川徒步、夏季冰川滑雪、冰川探险
约斯特谷冰川国家公园（Jostedal Glacier National Park）	挪威	1 310	1991	布里克斯达尔冰川（Brikdals Glacier）	冰川徒步、皮划艇巡游、滑雪、博物馆科普旅游
瓦特纳冰川国家公园（Vatnajökull National Park）	冰岛	12 850	2008	瓦特纳冰川	冰川徒步、攀冰、冰洞体验、冰川巡游、雪地摩托
楠达德维国家公园（Nanda Devi National Park）	印度	2 236.74	1988	平达里冰川（Pindari Glacier）	冰川观光
朗塘国家公园（Langtang National Park）	尼泊尔	1 710	1976	朗塘冰川（Langtang Glacier）、格桑昆大湖（Gosainkunda Lake）	冰川观光、徒步、滑雪、攀岩

资料来源：UNWTO 等，2008；Purdie，2013；Guðmundsson，2013；IUCN 和 UNEP-WCMC，2014

（一）贾斯珀国家公园

贾斯珀国家公园（Jasper National Park）位于加拿大艾伯塔省落基山脉最北边，是加拿大最大的高山国家公园。贾斯珀国家公园建于 1907 年 9 月 14 日，占地面积高达 10 878km²。1930 年，随着"国家公园法"的通过，该公园被授予国家公园的称号。1984 年，UNESCO 将该公园与其他组成加拿大落基山公园的国家级和省级公园一起列为世界遗产。2014 年，贾斯珀国家公园接待游客 215 万人。然而，由于气候变暖，除了海拔较高地区外，公园内冰川逐渐减少，一些冰川甚至消失殆尽。贾斯珀国家公园拥有落基山脉极其壮丽的自然风光。其中，冰原大道、哥伦比亚冰原（Columbia Icefield）、阿萨巴斯卡冰川（Athabasca Glacier）、玛琳湖（Maligne Lake）、玛琳峡谷（Maligne Valley）等景点最为著名。哥伦比亚冰原位于班夫、贾斯珀国家公园交汇处，共有 8 条冰川，冰川面积约为 325km²，冰原深度为 180 ~ 300m，是加拿大落基山脉中最大冰原和观赏冰川奇景的旅游胜地。阿萨巴斯卡冰川位于冰原大道西侧，长 5.30km，落差 600m。阿萨巴斯卡冰川与游客中心距离冰原大道不足 1.60km。除冰川旅游外，贾斯珀国家公园还有峡谷探险、湖泊体验、黑暗星空体验、露营等旅游项目。

（二）蒂瓦希普纳姆公园

蒂瓦希普纳姆公园（Te Wahipounamu Park），被称为"绿地之岩"，位于新西兰岛西南角，面积约为 26 000km²，濒临塔斯曼海。该区域包括四个国家公园：奥拉基/库克山国家公园（Aoraki Mt. Cook National Park）、峡湾国家公园（Fiordland National Park）、阿斯派灵山国家公园（Aspiring Mt. National Park）和西部泰普提尼国家公园（Westland Tai Poutini National Park）。其中，峡湾国家公园面积为 12 519km²，1904 年被列为保护区，1952 年辟为公园，1986 年被列入世界遗产名录，是新西兰最大公园，也是世界上最大国家公园之一。奥拉基/库克山国家公园面积为 707km²，建立于 1953 年。西部泰普提尼国家公园面积为 1175km²，建立于 1960 年。1990 年，以上 4 个公园一并被 UNESCO 列入世界遗产名录，进而形成当前的蒂瓦希普纳姆公园。在西部泰普提尼国家公园附近和奥拉基/库克山国家公园附近，新西兰超过 3000m 的高峰 29 座中有 28 座位于此。公园所处区域降水丰富，雨季较长。沿海低地至高海拔山区，年降水可从 3000mm 增加至 10 000mm 以上，且多为降雪。

公园旅游景观由连续的雪峰、冰川、峡湾、海岸、湖泊和瀑布等景点组成。其中，弗朗茨·约瑟夫冰川（Franz. Joseph Glacier）和福克斯冰川（Fox Glacier）是公园最为著名的两处冰川旅游目的地。每年吸引前来旅游的游客超过 20 万人次。但由于全球变暖，1946 ~ 2008 年，弗朗茨·约瑟夫冰川后退了 2.44km，年均后退近 39m。2008 ~ 2015 年，福克斯冰川后退了 700m。蒂瓦希普纳姆公园主要是以结合自然和冒险为基础的旅游，包括冰川航空鸟瞰、冰川巡游、冰川徒步等旅游活动。

（三）阿尔卑斯玫瑰峰北坡泽马特风景名胜区

玫瑰峰（Monte Rose，海拔为 4634m）或称杜富尔峰（Dufour Spitze），位于瑞士与意大利边境，是阿尔卑斯山第二高峰。北坡最大的冰川——戈尔纳冰川（Gorner Glacier）长约 13km，该冰川是由十条大冰流汇合而成的复式山谷冰川，末端海拔约 2100m。最著名的马特峰（Matterhorn）海拔为 4478m，位于它的西北面。两峰之间主山脊北坡的冰川融水经泽马特镇（Zematt，海拔为 1620m）流入龙河（Le Rhone）。2 万年前的末次冰期（玉木冰期）时，古龙河冰川长 250km，古冰川流到日内瓦以西。目前，泽马特地区已成为瑞士最美丽的高山滑雪场和登山、科考、旅游胜地。从泽马特向北有火车到瑞士各地，泽马特北面的塔奇（Tasch，海拔为 1449m），有服务于外来游客的大型停车场。从泽马特向东南有登山电车沿山坡盘旋而上。沿线有 4 个电车站，最高车站为哥涅尔那特（Gornergrat，海拔为 3130m）。从此到玫瑰峰北面的施托克峰（Stockhorn，海拔为 3532m）下海拔 3407m处有索道相通。从泽马特南面的温克尔马腾村（Winkelmatten）起向南有多条索道连接，即从泽马特–富日（Furi，海拔为 1860m）索道，从富日至飞格（Furgg，海拔为 2431m）、马特峰山麓的施瓦尔茨海（Schwarzsee，海拔为 2580m）、飞格沙特尔（Furggsettel，海拔为 3365m）的三条索道所组成的索道系统。飞格沙特尔位于主分水岭上，从这里可与南坡意大利比耶拉（Biella，海拔为 2006m）的上山索道相接。从泽马特镇向东还有一条登山地铁直达海拔 2300m 的桑列加（Sunnegga）。出地铁站可步行到古冰川谷地观光，谷地中有四个冰川湖；也可以从桑列加乘索道到翁特勒角峰（Untterrohorn，海拔为 3103m），直接徒步到达古冰川谷底区域。夏秋季节来此的游客以观光为主，也有相当一部分是为登山体验、探险以及科学考察而来。冬春季节冰川和山坡上为厚厚的积雪所覆盖，是滑雪爱好者的乐园。在高山冰川旁的基岩山坡上还为登山、探险和科学考察队员修建了一些高山营地（二三层高石楼房）。有无人管理的餐厅、卧室以及自动售货（饮料、食品）柜。直升机定期到高山营地补充食品，运走垃圾。由于有先进的交通和完美的旅游设施，每年吸引了众多的国内外旅客到此旅游和探险。

（四）约斯特谷冰川国家公园

约斯特谷冰川国家公园（Jostedal Glacier National Park）位于挪威尤通黑门山脉

以西，卑尔根东北 161km。公园成立于 1991 年，占地 1310km²，公园横跨吕斯特（Luster）、Dogndal、Jølster 和斯特林（Stryn）自治区，冰川基本覆盖了国家公园的一半。其中，约斯特谷冰川坐落在挪威西部松恩-菲尤拉讷郡境内，也被称为约斯特谷冰原，是欧洲最大的冰原（冰岛除外），冰原面积面积约 815km²，冰原上的最高峰海拔 2083m，50 多条冰川分支向下延伸至山谷（图 6-1）。1906 年，前往约斯特谷冰川的小径建成，该地开始接待游客。约斯特谷冰川在此分割了世界上最长的两个峡

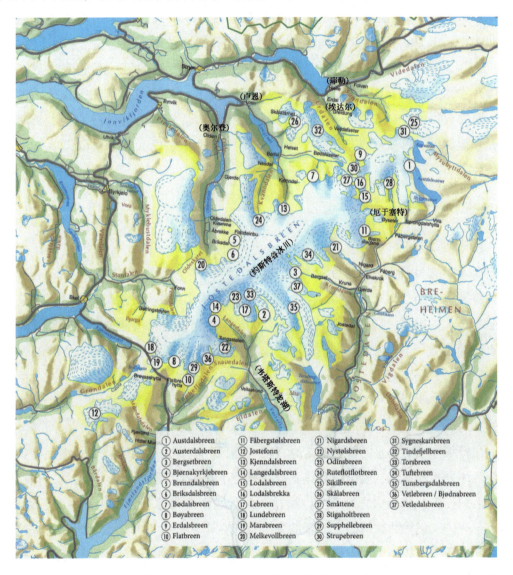

图 6-1　约斯特谷冰川国家公园冰川空间分布

资料来源：Olav，2009

湾——松恩峡湾和北峡湾。在约斯特谷冰川末端是一个冰川湖，最深处有 400m。要进入冰川冰舌位置有两种方式：一种是沿着山谷侧边（冰湖岸边）过去，另一种是坐快艇从冰湖上过去。

挪威冰川博物馆坐落在挪威菲耶兰。该建筑是由建筑师斯维勒·费恩（Sverre Fehn）设计的。2002 年，博物馆决定扩建，扩建方案同样由斯维勒·费恩设计。2006 年，博物馆决定创建一个关于气候变化的体验展览，由英国的博物馆和景点设计公司 Sarner Ltd 负责，其中，Ulltveit-Moe 气候中心是斯维乐·费恩设计的一个加建物，于 2007 年开放。同年 7 月，美国前副总统沃尔特·蒙代尔（Walter Mondale）主持了"我们脆弱的气候"展览。建设博物馆的目的是收集、更新和传播有关冰川和气候的知识。博物馆内提供了关于约斯特谷冰川和国家公园的信息。博物馆每年 4～10 月开放。它是国际冰川学会、挪威山区旅游协会、挪威水资源和能源局、挪威极地研究所、菲尤拉讷大学、卑尔根大学和奥斯陆大学的一个联合项目。

（五）瓦特纳冰川国家公园

瓦特纳冰川国家公园（Vatnajökull National Park）位于冰岛东南部，占地 12 850km²，是欧洲面积第二大的国家公园，仅次于俄罗斯的尤基德瓦（Yugyd Va）国家公园。公园得名于欧洲最大冰川——瓦特纳冰川。瓦特纳冰川国家公园是冰岛面积最大的国家公园及自然保护区，2008 年成立，公园包括整个瓦特纳冰川和广袤的周边地区。其中，斯卡夫塔山自然保护区是瓦特纳冰川国家公园的一部分，在一号公路就能看见，是《星际穿越》的取景地。瓦特纳冰川则是冰岛第一大冰川，也是欧洲最大冰川，平均厚度在 400～1000m，是除南极洲、格陵兰外最大的冰川（图6-2）。

瓦特纳冰川不静止的特性成为冰岛的典型风光。令人感到奇特的是在瓦特纳冰川地区还分布着熔岩、火山口和热湖。在冰盖下面，有几座火山，瓦特纳冰川也因此被人们称为"冰与火之地"。世界上很少有地区能集冰川、火山、峡谷、森林、瀑布于一体。瓦特纳冰川国家公园的主要特点在于其在冰川、火山、地热、河流活动共同作用下形成的丰富多样的景色。这里是《权力的游戏》和《星际穿越》的拍摄地，最具吸引力的旅游项目是冰川徒步、攀冰、冰洞体验。另外，斯瓦提瀑布、冰湖、钻石沙滩等也是公园重要的吸引物。

图6-2　瓦特纳冰川国家公园冰川分布

资料来源：谷歌地图

（六）尼泊尔朗塘国家公园

尼泊尔朗塘国家公园（Langtang National Park）位于喜马尔地区，加德满都以北，大喜马拉雅山南坡高山带。最高峰朗塘峰海拔7225m，许多冰川末端延伸至海拔4000m左右，接近或伸入森林带。冰川融水经特耳苏里河、逊科西河注入恒河。朗塘喜马尔地区现代冰川共110条，面积约为308km²，占本区山地面积的19%，属海洋型冰川（郑本兴，2000）。其中，朗塘河谷分布冰川30条，面积约为170km²，长度超过5km的冰川共10条。朗塘冰川为河谷上游规模最大的冰川，发育于希夏邦马峰（海拔为8012m）西面海拔7205m高峰之南，长20km，末端海拔为4400m，粒雪线高度为5560m，冰川面积约为59km²，有6条支冰川直接汇入，多以雪崩方式补给冰川，并夹杂着许多岩屑，使朗塘冰川的埋藏冰舌区达到粒雪盆后壁附近（图6-3）。喜马拉雅山南坡降水量较多，日本在康景气象站（海拔为3840m）资料表明，1985～1986年的年降水量达941mm。在中低山的最大降水量带，年降水量可达3000～4000mm。山区森林茂密，四季山花竞开，飞泉瀑布，自然景观多样，从热带雨林、常绿阔叶林、针阔混交林、针叶林、高山灌丛草甸带到冰雪带。在短短的数天中，可体验从热带到冰雪带的自然过渡。朗塘国家公园以特耳苏里河上游朗塘谷地为主，面积为 1243km²，当地居民以舍番族为主。从加德满都（海拔为 1310m）一天可达边境重镇通泽（Dhunche）（海拔为 1950m），然后徒步 4 日经过夏布鲁—马拉饭店—朗塘村，再到康景村（海拔为 3749m），在此地或附近可以开展冰川考察观光。返回时需步行两天经果拉塔白拉到通泽。目前，朗塘国家公园已成为国际登山、科学考察和旅游观光的旅游胜地。

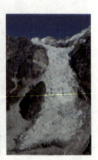

图 6-3　尼泊尔朗塘国家公园景观

二、国内同质景区

国内的国家重点风景名胜众多，如黄龙寺风景名胜区、天山天池风景名胜区、贡嘎山国家级风景名胜区和玉龙雪山国家级风景名胜区，其特色景点各不相同。本节主要选取四个典型冰川旅游景点进行概述，主要包括玉龙雪山冰川地质公园、贡嘎山海螺沟冰川森林公园、七一冰川旅游景区、珠穆朗玛峰冰川景区以及米堆冰川景区。

（一）玉龙雪山冰川地质公园

玉龙雪山（27°10′N～27°40′N，100°9′E～100°20′E）位于青藏高原东南缘、云贵高原西北部、云南省丽江市以北 25km 处，青藏高原一级阶梯向云贵高原二级阶梯的过渡地带，海拔为 5596m，发育有亚欧大陆距赤道最近的冰川，现存 13 条小型山地冰川，面积为 4.48km²（2017 年观测）。其西侧为北西南东向的金沙江，东侧为近南北向展布的长条形断陷盆地，其南部为丽江盆地，东北部为大具盆地，与哈巴雪山（海拔为 5396m）隔金沙江相望。因其山峰绵延，常年冰雪覆盖，从远处看宛若一条银白色巨龙盘桓而闻名。玉龙雪山景区开发较早，是中国最早的冰川旅游景区之一。图 6-4 为玉龙雪山白水河 1 号冰川全景。

图6-4　云南省丽江市白水河1号冰川全景

王世金摄

对于冰川旅游开发最具历史意义的考察事件是1982年中国科学院青藏高原科学考察队冰川组对玉龙雪山的现代冰川、气候、积雪、古冰川遗迹等进行了比较系统的野外考察和短期定位观测。2007年，玉龙雪山景区实现首批国家5A级景区的创建目标，并获得"海内外游客最向往的景区""欧洲人最喜爱的中国十大景区"等50多项荣誉。1998年以来，玉龙雪山已逐步开发成为中国规模最大、旅游人次最多的冰川旅游目的地，成为可与欧洲阿尔卑斯山媲美的冰川旅游胜地。2009年，玉龙雪山地质公园被国土资源部列入国家地质公园名录。统计数据显示，1994 ~ 2016年，除2003年"非典"和2007年金融危机使游客数量较相邻年份有所下降外，其余年份游客数量迅速增加（图6-5）。1994年以前仅有零星游客游玩，没有

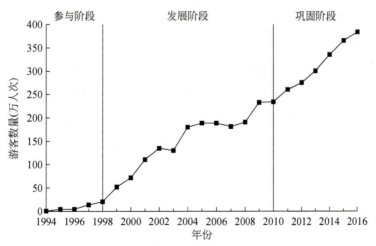

图6-5　玉龙雪山景区旅游生命周期

专门的旅游设施，尚未成立专门的景区，故认为1994年以前的时期为探查阶段。根据旅游发展生命周期理论和玉龙雪山冰川旅游游客数量变化趋势（忽略2003年、2007年特殊年份），可将1994~2016年划为三个阶段，即1994~1998年参与阶段、1999~2009年发展阶段和2011~2016年巩固阶段。

1）1994~1998年参与阶段。1991年玉龙雪山冰川旅游开发正式开始，中国共产党丽江地区委员会和云南省丽江地区行政公署成立了玉龙雪山旅游领导小组，对玉龙雪山国家级风景名胜区1033km²区域内的旅游资源做了有史以来的第一次普查。1992年，云南省人民政府批准丽江玉龙雪山旅游开发区为省级开发区。之后，游客数量增多，当地居民开始为游客提供一些接送、住宿饮食等服务。1996年，丽江"2·3"地震引起了很多人的关注，同时，让全国人民知道了这个低调纯洁的冰雪世界、世外桃源，此时游客开始在春季和夏季前来旅游，当地居民也开始根据游客到来的时间规律调整自己的生产生活时间。1996年，丽江玉龙雪山省级旅游开发区管理委员会宣告成立，开始筹措编制简单的规划，划定旅游区，并修缮通往玉龙雪山的公路，修建旅游基础设施。1998年，玉龙山旅游索道投入运行，冰川景观正式展现在了游客眼前。

2）1999~2009年发展阶段。在此阶段，玉龙雪山通过参与及举办1999年昆明世界园艺博览会、国际越野赛、雪山音乐节、国际艺术节以及通过各种电视剧、电影等方式进行推广宣传；当地筹办了多次冰川研讨会，与中国科学院合作建立玉龙雪山冰川与环境观测研究站，开展冰川变化、冰川水文、冰雪化学、物质平衡、冰雪旅游等一系列研究，并针对生态环境保护启动了绿洲、冷湖、绿色、森林消防四大环保工程，拥有独立的冰川地质博物馆，夯实了冰川旅游发展的科研和科普基础；改进了景区内的基础设施，包括景区内解说牌、指示牌体系的完善，休息区、垃圾桶、栈道等的升级，以及在2010年引进瑞士的索道技术，升级了索道系统，极大地改善了观光效率。此外，还增加各项娱乐节目，特别是大型实景演出《印象·丽江》，为景区收入增加了又一创新点。2001年，玉龙雪山被评为国家首批4A级景区，并与瑞士阿尔卑斯山马特洪峰结为姊妹峰。2004年，丽江玉龙雪山旅游开发有限责任公司成立，并在深圳证券交易所成功上市，成为云南旅游第一股。在大量外来资金的驱动下，景区开始建造蓝月谷等人工景点，吸引大量游客，形成了成熟稳定的客源市场，旅游规模不断扩大，发展过程中带动了附近19个村子约2000名居民加入旅游行业中来，并以此为主业。2006年，玉龙雪山省级旅游开发区管理委员会和中国科学院寒区旱区环境与工程研究所共同建立了玉龙雪山冰川与环境观测研究站，该站以中国季风海洋型冰川和低纬度高山生态环境观测为主，同时兼顾玉龙雪山冰川旅游资源的科学性保护与开发，其建立对玉龙雪山冰川旅游的开发起到了助推作用。

3）2011～2016 年巩固阶段。该阶段游客增长率相较发展阶段有所下降，游客数量持续缓慢增加，但经过前期的推广和宣传，知名度很高，游客数量多，客流量的季节变化很小。

（二）贡嘎山海螺沟冰川森林公园

贡嘎山海拔为 7756m，位于四川省甘孜藏族自治州泸定县西南，是青藏高原东部最高山。该区共有现代冰川 74 条，冰川面积为 255.10km²，长度超过 10km 的冰川有 5 条，东坡的海螺沟冰川长 13.1km，末端海拔为 2940m，冰川面积为 23.7km²。中部有高差达 1080m（海拔为 4800～3720m）的大冰瀑，冰瀑坡度为 22°～42°，冰瀑脚下形成波浪式的弧形冰台阶，学名冰川弧拱，大冰瀑与冰川弧拱是该区一大奇观（图 6-6）。冰面上还有冰桌、冰蘑菇、冰井等。冰下河道直达冰川末端，形成一个融水汹涌外流的大冰洞。冰川下部蜿蜒于原始森林中，成为青藏高原东部最大的海洋型冰川。海螺沟冰川森林公园距离成都市 290km，交通通达性好，可进入性好。海螺沟冰川景观独特性好，原生生态性强，是我国乃至全球最具

图 6-6　四川省甘孜藏族自治州海螺沟冰川景观

王世金摄

代表性的垂直景观生态结构剖面之一。海螺沟的景观资源组合情况好，冰川-森林-温泉-高山灌丛-高山湖泊等组合方式丰富多样，雪山、冰川、原始森林和大流量的沸、热、温、冷泉已成为景区的四大特色。

1996 年，经国务院批准成立贡嘎山国家级自然保护区。1998 年，四川省贡嘎山现代冰川有限公司与甘孜藏族自治州政府共同开发海螺沟冰川森林公园。遵循"高速度、高起点、高标准、高品位"的开发原则，对公园进行了大规模的基础设施和旅游服务设施建设。同年，二郎山隧道正式贯通，以往一直制约公园发展的交通瓶颈障碍得以解决。2001 年，经国家旅游局评审认证，贡嘎山海海螺沟冰川森林公园被列为国家首批 4A 级旅游景区之一。2002 年，由四川省政府出面协调，成立了新的海螺沟冰川公园管理委员会。海螺沟冰川森林公园是贡嘎山风景名胜区的主景区。2018 年 5 月，海螺沟冰川森林公园晋升为国家 5A 级景区，游客数量突破了180 万人次，已发展成为中国第二大冰川旅游目的地。海螺沟冰川森林公园作为全国著名的冰川国家公园，其旅游资源特色鲜明，品位极高，冰川旅游开发在国内较早且较为成熟。目前，海螺沟冰川旅游资源开发已具有一定规模，初步形成了独特的冰川旅游文化，已开辟雪山冰川观光游、索道观光、原始森林游等旅游项目，对促进当地经济社会发展起到了积极作用。

（三）七一冰川旅游景区

七一冰川位于甘肃省嘉峪关市西南约 150km 的肃南县祁丰藏族乡的祁连山腹地。祁连山是中国最早进行系统冰川考察研究的山区，而七一冰川是中国冰川研究的发源地。早在 1912 年时，马尔克·奥莱尔·斯坦因（Marc Aurel Stein）和俄国探险家曾到祁连山主峰一带探险考察，在他们的探险笔记里曾有对这一带冰川的描述。1958 年，中国科学院高山冰雪利用研究队首次发现位于祁连山讨赖河支流柳沟泉源头的七一冰川，因正值中国共产党建党日，故名七一冰川（王世金，2015）。七一冰川长 3.40km，面积为 2.76km²，末端海拔为 4304m，冰川最高峰海拔为5158.8m。七一冰川规模较小，属冰斗-山谷冰川，按冰川物理特性分类，属于亚大陆型冰川（图 6-7）。冰川冰舌除前端有零散表碛分布外，整个冰川冰面洁净。冰舌前段为起伏的冰丘，但坡度不大，冰川后壁较为陡峭，有较小横裂隙分布于其上。在东、中、西 3 个大粒雪盆中，东西粒雪盆较为宽阔，中粒雪盆相对较小，海拔也较东西粒雪盆稍低一些，三道冰面河切割较深，一直延伸到粒雪盆深处。

图6-7　甘肃省嘉峪关市七一冰川景观
李真摄

从七一冰川石碑处仰首望去，蓝天白云下一片晶莹耀眼的冰雪世界。冰峰海拔为5150m，冰川面积达3km²，冰层平均厚度为78m，坡度小于45°，全长为30.5km。七一冰川景观奇特，远望似银河倒挂，白练垂悬；近看则冰舌斜伸，冰墙矗立，冰帘垂吊，冰斗深陷，神秘莫测。冰川处修建有5km长人行山道，立有"青山不老，为雪白头"纪念碑，旅游区域约4km²。夏秋季节旅游，但见冰舌处雪水消融，瀑布飞泻，声震山谷。山坡上时有雪鸡栖息，雪莲与冰晶争芳斗艳；山下草坡则牛羊遍野，牧人的帐篷中炊烟袅袅，给人以勃勃生机之感。无论如何，这里是一个与外界截然不同的世界，也正因此，每年吸引着无数的登山爱好者和观光客前来一游（图6-7）。七一冰川现以它雄伟气势和独特风姿吸引着国内外越来越多的旅游者前来拜访。

（四）珠穆朗玛峰冰川景区

珠穆朗玛峰冰川景区位于珠穆朗玛峰登山大本营南12km的登山二号营地，海拔为5400m。二号营地位于中绒布冰川侧碛间一块不足0.1km²的区域，东侧即著名的中绒布冰川。绒布冰川是珠穆朗玛峰地区最大的山谷冰川，它是由中、西绒布冰川汇合而成的复式山谷冰川，全长为 22.2km，面积为 86.89km²，冰川中游的最大流速为 117m/a，因为冰川 5360m 以下为表碛丘陵区，所以欲观赏绒布冰川必须上行至二号营地。绒布冰川最主要的景区是其中段的冰塔林区 [图 6-8（b）]，其在中绒布冰川位于 5360~5730m，在西绒布冰川位于 5570~5800m。从二号营地南行可直接进入中绒布冰塔林区。这里是一片奇丽的冰雕世界，大自然鬼斧神工，雕出一座座高达数十米的冰塔，万笏朝天，千姿百态，晶莹剔透，蓝光闪辉。在冰塔林间曲折的冰河迂回缠绕，时而穿过几座冰塔，时而隐入幽深的冰洞。冰塔林间偶有明镜般的冰湖分布，涌出湖水的冰洞洞口倒悬着珠帘般的冰钟乳，俨然是冰清玉洁、瑰丽无比的冰晶世界。在大本营至二号营地途中，有一山谷，由此东行可至东绒布冰川，东绒布冰川长为 14km，宽为 0.8km，末端高度为 5520m，雪线最高达 6250m，总面积为 48.45km²，这里是从北坡攀登珠穆朗玛峰的必经之路。在东绒布冰川中段，亦有冰塔林发育，但由于观赏珠穆朗玛峰的角度不如二号营地，谷地较狭窄，难以作为景区开发。

图 6-8 珠穆朗玛峰冰川景区

（a）洪金鹏摄；（b）刘宇硕摄

（五）米堆冰川景区

米堆冰川景区位于有中国"冰川之乡"美誉的波密县，处于"大香格里拉旅游圈"和"318 国道旅游线"范围内。米堆冰川属季风海洋型冰川，是中国海洋型冰川的典型代表，其主峰海拔为 6585m，雪线海拔为 4850~4900m，末端海拔为 2400m，冰川下段穿行于针阔叶混交林带，也是世界上海拔最低的冰川奇观。冰川发育有典型的冰川弧拱，弧拱黑白相间，波浪起伏。冰川由两条 700~800m 极大规模冰瀑布汇流而成。雪山、冰川、草地、森林、田园、古朴的农居相映生辉，极具阿尔卑斯山田园意境（图 6-9）。2005 年，米堆冰川被《中国国家地理》评为"中国最美六大冰川"之一。自 2007 年正式运营以来，米堆冰川已发展成为当前西藏自治区最大的冰川旅游目的地。

图 6-9   西藏自治区米堆冰川景观

然而，极具冰川旅游服务价值的米堆冰川因为道路、接待设施、景区线路规划等缺乏投资建设或科学规划，冰川旅游仍处于零散状态。当前，景区唯一核心吸引物就是米堆冰川，且主要旅游活动项目仅限于前往冰川脚下观赏，没有形成综合旅游活动，旅游满意度较差、重游率低。同时，景区主要经济来源为门票收入，不仅收入来源单一、收益较少，而且当地居民参与旅游形式也很单一。因此，急需通过国内外同类成熟景区开发技术与方法进行试验示范，以使米堆冰川景区旅游提质增效，进而促使其冰川旅游发展进入快车道。为此，2018 年 10 月，西藏宏绩集团有限公司与西北生态环境资源研究院签署框架协议，由冰冻圈科学国家重点实验室提供技术支撑，与集团共同开发米堆冰川。这一举措将极大地推进米堆冰川旅游开发的科技含量，也将有益于米堆冰川旅游的健康快速发展。

第四节   未来冰川旅游可持续性风险分析

2005 年以来，达古冰川风景名胜区已经逐渐发展成为中国第三大冰川旅游目的地，游客数量从 2010 年的 6000 人次增加到 2017 年的 13.86 万人次，增长 22.1 倍。

景区因冰川旅游发展，有力地带动了区域经济和社会的全方位快速发展。当前，达古冰川风景名胜区正在向冰川旅游+彩林旅游的组团式开发模式迈进。然而，自1970 年以来，全球变暖趋势进一步加强，在此背景下，达古冰川快速消融、退缩，甚至部分已经消失。未来冰川旅游可持续发展面临一系列问题，急需加强科学研究，以应对未来潜在风险。

一、冰川景观消退风险

截至 2017 年，玉龙雪山分布有 13 条冰川，总面积为 4.48km²，相较于 1982年，冰川面积减小了 7.13km²（相当于 1982 年冰川总面积的 61.41%）。达古雪山目前分布有 11 条冰川，相比中国第一次冰川编目消失了 4 条。基于遥感影像数据的分析表明，1975~2017 年，达古雪山冰川面积从 6.84km² 缩减到 1.75km²，面积只有 20 世纪 70 年代的 1/4。其中，达古雪山 17 号冰川（102°45.94′E，32°14.17′N）是达古冰山国家地质公园规模最大、最长的冰斗冰川，自 20 世纪 70 年代以来退缩非常显著（图 6-10）。与此同时，随着冰川区气温的升高，冰川表面破碎化严重，冰裂隙分布扩至冰川积累区，且冰裂隙条数明显增多，冰面河逐渐扩大，消融区冰川明显变薄。此外，还有零星的冰湖出现。这些都是冰川消融进一步加强的标志。可以预见的是，如果没有大的气候改变，冰川将在未来几十年内以灾难性方式融化，甚至有可能消失。达古冰川和冰川导向旅游的可持续发展面临一系列巨大的挑战。

在未来一段时间，气候的持续变暖将导致达古雪山冰川持续退缩，对冰川旅游带来直接和间接影响。直接影响为可能导致冰川景观的快速消失，间接影响为游客数量将在短期内大大增加并且旅游收益将大幅度上升。之后，游客数量将大大减少并且旅游收益大幅度降低。达古雪山早期冰川旅游开发者及其当地村民问卷调查显示，几乎所有受访者均对达古雪山冰川退缩有强烈的感知，并对此表现出极强的关注和担忧。基于这些影响，为适应气候变暖对冰川旅游带来的负面影响，当地旅游管理者和政府应尽快加大对冰川资源的保护措施，以减缓气候变化对其造成的潜在影响和带来的损失。

当前，持续的气候变暖使达古冰川旅游目的地冰川景观退缩极为严重，急需将冰川持续监测事宜提上议事日程，通过冰川研究，可为未来冰川局部保护提供技术

(a)2005年7月3日

(b)2012年10月20日

(c)2016年7月20日

图 6-10　青藏高原达古雪山 17 号冰川变化趋势

红圈为参考点

支撑，以减缓气候变化对冰川旅游目的地的影响。因此，通过加强对达古雪山冰雪及环境保护的科学研究，结合当地藏族历史文化特色，对其丰富的冰雪资源、生物资源和地质遗迹资源等进行保护性开发，以形成冰雪、生态、文化于一体的旅游产业体系，将有效促进川西乃至四川冰雪资源保护，提升山区水源涵养功能，进而发挥其巨大的生态功能区作用。在保护雪山冰川时，应当紧急考虑一些积极的干预措施，如人工造雪、人工影响天气等工程措施。

二、冰川旅游产品结构单一

从游客的消费行为学特征数据分析可知，达古冰川风景名胜区游客消费以固定消费为主，消费水平低。该景区游客的消费在 500～1000 元的比例最大，主要以门票、交通、食宿为主，因景区娱乐项目、特色产品少导致额外消费少，且消费结构单一、消费水平低。一般来说，旅游消费结构会随着旅游的发展逐渐成熟，从以门票、交通、食宿为主向以旅游产品为主转变。达古冰川客源消费结构是旅游发展不成熟的表现，这反映了达古冰川风景名胜区存在游客滞留时间短、旅游产品类型单一、黑水县城接待能力不足等问题。冰川旅游目的地为特殊性景区，只允许游客当天游玩，且达古冰川的旅游产品以自然资源观光为主，其他旅游产品类型，如旅游购物、娱乐、休闲、民俗活动少，游客一般拍照参观后随即离去，滞留时间短，所以仍以固定消费为主，导致消费水平偏低。现有的旅游消费结构给当地经济和就业带来的贡献有限，直接影响当地居民参与旅游活动的积极性，进一步影响经营者扩大升级经营规模，造成黑水县接待能力不足，相应的食宿跟不上，游客的旅游舒适度下降等现象。

三、景区形象定位模糊，科普体系不完善

从游客满意度数据分析结果来看，达古冰川旅游目的地游客整体满意度很高，但一些游客因为不懂冰川，认为到了冰川公园，并未见冰川，对此提出了许多意见，毫无疑问这是景区管理者科普工作不到位的外在表现。当然，还存在景区形象定位不明确的问题。目前，达古冰川的形象定位为冰川+彩林，宣传主打的是彩林，这一点在各月游客数量差异性和 10 月、11 月游客大高峰（约占全年客流量的40%）中有所体现。然而，秋季为川西彩林季，但达古冰川的彩林与九寨沟、海螺沟、奶子沟等知名度较高的景区相比，竞争力不足，而冰川才是该景区极具竞争力的旅游资源，显然景区自我宣传定位存在偏差。实际上达古冰川从每年的 6 月开始下雪，便呈现出冰雪世界的奇景，此时正是全国的高温期，对游客的吸引力应该很强，但夏季游客数量并不是最大的。景区工作人员反映，部分游客体验并不好，甚至出现要求退票的情况，原因是并未观看到宣传中所谓的冰川。这一情况主要存在两方面原因：①冰川的科研、科普工作没有做到位。当前达古冰川官网和宣传册上

使用的景区冰川旅游资源的介绍仍沿用的是 2001 年中国科学院·水利部成都山地灾害与环境研究所和四川省林业勘察设计研究院冰川调查结果，2001 年以来未再次开展冰川资源勘查、观测及相关研究。冰川资源勘查、观测及相关研究是开发冰川旅游的前提，更是深化旅游层次、完善解说科普体系的基础。目前该景区冰川面积、物质平衡、冰川水文、地质地貌调研等工作有待开展。②冰川相关介绍、解说缺失。景区内缺失相关现代冰川及古冰川地质遗迹解说牌（形成及演化机理、现状）和知识体系。游客对冰川充满好奇，但他们并不能做到对冰川及相关现象的识别和理解，因此才频发冰川就是"黑石头"、冰川表面需要清洗的错误认识。

四、客源时空分布不均，稳定性差

对达古冰川景区游客数量季节变化数据分析可知，该景区客源季节分布不均匀，存在明显的淡旺季，旺季集中于 8 月、10 月、11 月 3 个月份，且游客占全年游客数量的比例高达 69.77%，其余月份游客数量所占比例较小。旅游地客流量季节性差异性过于显著不利于旅游业的良性发展，易造成旅游设施利用率低、旅游链断裂、旅游服务积极性降低等。所以，应利用营销、宣传手段等减弱游客气候差异、闲暇时间需求带来的旅游季节影响。

对客源空间分布数据分析可知，客源空间分布不均匀，客源集中度高、吸引半径小，主要为近域客源，缺少中远程客源。达古冰川客源空间分布受距离的影响，主要分布于四川和重庆及其周边地区，占国内客源的 78% 以上，其余省（自治区、直辖市）客源比例较小，中远程游客数量少。该景区过分依靠近域的几个客源市场显然不利于旅游的稳定发展。该景区冰川资源禀赋高、交通便捷、地理区位优越，其客源集中、受距离限制的原因主要为知名度低。达古冰川作为冰川旅游目的地的知名度远低于玉龙雪山、海螺沟冰川和梅里雪山，甚至很多游客没有听说过。从游客信息获取途径数据来看，占比最高的为亲友同事介绍（45.45%），可以看出其知名度主要靠口碑宣传，这种途径的传播速度和范围毕竟有限。从出行方式为散客、跟团游不存在可以看出在营销方式上与旅行社合作方面有所欠缺，所以拓宽宣传途径、加大宣传和营销力度对景区发展十分必要。

|第七章| 冰川旅游可持续发展保障机制

在当前全球气候变化背景下，冰川消融及其对旅游业发展的综合影响是不可避免的，从未来可持续发展角度做出长远规划，是当前冰川旅游首要考虑的议题。冰川旅游利益方不仅要意识到冰川旅游的机遇和挑战，还要意识到未来与气候变化相关的风险。冰川消退主要是冰川区变暖所致，局部的冰川保护可以起到一定的减缓作用，但大面积冰川保护难度极大，全球尺度的适应战略是未来发展的唯一途径。

第一节 旅游可持续发展内涵

一、旅游可持续发展理论

1987 年，在联合国世界环境与发展委员会的报告《我们共同的未来》中，将可持续定义为既满足当代人的需求，又不对后代人满足其需求能力构成危害的发展，得到了世界各国的广泛接受。旅游可持续发展的实质就是要求旅游与自然、文化及人类生存环境成为一个整体。自然、文化和人类生存环境之间的平衡关系使许多旅游目的地各具特色，旅游发展不能破坏这种平衡关系（田道勇，1996；Richards and Hall，2003）。

旅游业发展初期，特别是大众旅游盛行的时期，人们只注意到旅游带来的经济效益和人类舒适性的满足，没有进行综合效益的评估，把旅游业列为优先发展项目。旅游业的快速发展，必然损害旅游业赖以生存和发展的承载环境，这将对旅游业的长期发展带来新的挑战，从而阻碍旅游业的发展。于是，人们逐渐关注旅游业发展速度与旅游资源过度开发之间的矛盾，并提出质疑，开始考虑一种长期的旅游发展战略规划和新的旅游形式，即旅游可持续发展。旅游业的发展离不开人类和自然环境的依赖、生态系统稳定性的需求，还要满足当代人及其后代旅游的需求，这就需要旅游业成为可持续发展的产业。

旅游业和可持续发展的这种批判性探索及挑战，已成为过去半个世纪最重要的普通地缘政治的范畴，"发展——全球化和可持续性"成为新形势下旅游业的发展模式（Mowforth and Munt，2015）。同时，未来旅游业的发展，必然是"社会-经济-环境要素"三位一体的综合模式。旅游可持续发展的核心是拥有长期旅游发展再生的观点，在保证发展的同时，不破坏下一代人为满足其旅游需求而进行旅游开发的可能性，彻底摒弃"旅游业是无烟工业"的传统观念。旅游可持续发展也强调代内和代际公平，即我们不应该只关注旅游带来的经济效益，而应该有一种更广阔的社会眼光——强调旅游业应在促进公平、消除贫困、创造就业和推动社会和谐等方面承担社会发展职责，承伦理主体之重（Mowforth and Munt，2015）。

鉴于可持续发展思想与旅游业的密切关系，国际社会对可持续旅游的发展十分关注。1990年，在加拿大温哥华召开的'90全球持续发展大会上，旅游组行动策划委员会提出了《旅游持续发展行动战略》草案，构筑了旅游持续发展的基本理论框架，并阐述了旅游持续发展的主要目标。1993年，一本专门以可持续旅游为研究对象的学术刊物——《可持续旅游》出版，可持续旅游研究有了一个崭新的起点。1995年，联合国教育、科学及文化组织（United Nations Educational Scientific and Cultural Organization，UNESCO）、联合国环境规划署（United Nations Environment Programme，UNEP）和联合国世界旅游组织（World Tourism Organization，UNWTO），在西班牙加那利群岛的兰沙罗特岛专门召开了"可持续旅游发展世界会议"，大会通过了《可持续旅游发展宪章》和《可持续旅游发展行动计划》，为可持续旅游提供了一整套行为规范，并制订了推广可持续旅游的具体操作程序，标志着可持续旅游研究已经进入了实践性阶段。《可持续旅游发展宪章》指出，可持续旅游发展的实质，就是要求旅游与自然、文化和人类生存环境成为一个整体；自然、文化和人类生存环境之间的平衡关系使许多旅游目的地各具特色。为了实现与环境相适应的可持续旅游发展，联合国世界旅游组织、世界旅行与旅游理事会与地球理事会制订了《关于旅游业的21世纪议程》。

根据 UNWTO 公布结果，2016年，全球出境旅游人数超过12.35亿人次，2007～2016年，全球出境旅游人数增加了5亿人次。冰雪旅游作为旅游业中具有特殊性、挑战性和区域性较强的旅游类型，在世界旅游体系中占据着重要地位，且随着社会经济水平的发展和人民精神层面的追求，越来越受广大游客的关注，在诸多山地国家乃至南北极地区显现出巨大的经济收益和发展潜力。然而，随着气候变暖，冰川持续快速消退，冰川作为短期不可再生资源，现已或即将制约山地国家或地区冰雪旅游业的可持续发展。21 世纪的气候变化使冰川旅游发展面临重大机遇和巨大挑战。同时，冰川资源是山地国家或地区最为重要的旅游资源和淡水来源，而这些国家或地区正在经历冰川日益加速退缩的严峻挑战，这将对人类生存和社会经济发展带来潜在威胁。因此，未来冰川旅游业的发展，必须走"经济–社会–环境"为一体的冰川旅游可持续发展道路。

二、气候变化与冰川旅游可持续发展

全球气候变暖已成为不争的事实，气候变化给经济、社会、环境带来的影响具有双面性，即积极效应和负面效应。积极效应对人类生存具有正面影响，如冰雪消融加剧增加山区径流，为中下游居民生活、农业灌溉以及流域生态系统提供丰富的水源供给；北极航道范围和通航时间增加；西北干旱地区气候暖湿化，使西北生态和人文环境正向发展。负面效应是不利于人类生存发展的影响，如极端气候频率增加给人们带来的损失；气候变暖导致局地生态环境改变，生物群落大量死亡、农作物受灾以及相关地质灾害频发等；冰雪等资源的快速消耗，减弱或丧失山区水源涵养功能和调节作用，将导致未来水资源短缺，社会矛盾突出等。"气候–冰川–旅游"作为一个密不可分的耦合体，气候变暖导致冰川消融加快，进而影响冰川旅游业的发展。

冰雪资源受气候变暖影响，呈现出前所未有的衰退和消亡，并给许多旅游胜地带来巨大损失。假如气候变暖和人类活动持续影响高山冰川旅游目的地自然景观的结构、特征以及脆弱的生态系统，那么高山冰川景观价值和生态环境承载力将随之减少或消失，景区自然灾害加剧、危险系数增大、山地生物多样性和生态系统受损、登山线路和滑雪场地改变、冰上旅游体验难度增加，进而波及冰川景点到访游客数量，使山区经济收益下降，进一步导致山区居民与经济、社会、环境之间的矛盾。目前，如何科学合理地开发山地冰川旅游资源、平衡冰川资源保护、满足当地居民需要和旅游者需求三者之间的关系，提升高山冰川和山地旅游的可持续发展，已成为冰川和山地旅游开发者、研究者、经营管理者、旅游者、地方政府、非政府组织及民众考虑的重大环境和社会经济问题。

三、冰川旅游与联合国 2030 年可持续发展目标

2013 年 9 月联合国大会召开了专门会议，呼吁国际社会面向未来，以普适性为基本原则制订"一个发展框架，一套发展目标"的可持续发展目标（sustainable development goals，SDGs）。开放工作组经历一年多的政府间磋商，于 2014 年 7 月形成了关于全球可持续发展目标的建议。随后，联合国于 2015 年 1 月针对 2015 年以后的发展召开特别会议。同年 8 月 2 日各国谈判代表达成共识，确定《变革我们的世界——2030 年可持续发展议程》，并于 2015 年 9 月 27 日联合国可持续发展峰会正式批准通过。相较于千年发展目标（millennium development goals，MDGs），可持续发展目标包括 17 个可持续发展目标（goals）和 169 个具体目标（targets），300 多个技术指标，是联合国历史上通过的规模最为宏大和最具雄心的发展议程。世界各国领导人空前一致承诺为如此广泛和普遍的政策议程共同采取行动并做出努力。17 个目标中，除目标 1、目标 2、目标 5、目标 6、目标 10、目标 15 和目标 17 外，其余 10 个目标均为新增目标，可以说是在千年发展目标基础上的完全深化和发展，且目标体系更为庞大和完善（表 7-1）。新设目标和具体目标相互紧密关联，有许多贯穿不同领域的要点，体现了统筹兼顾的做法（魏彦强等，2018）。

表 7-1　联合国 17 个可持续发展目标（SDGs）及其与千年发展目标（MDGs）的对比

主要目标	具体发展目标	是否新增	对应的 MDGs 目标
目标 1：无贫穷	在全球所有人口中消除极端贫困； 按各国标准界定的陷入各种形式贫困的各年龄段成年男女和儿童至少减半； 全民社会保障制度和措施在较大程度上覆盖穷人和弱势群体； 确保所有男女，特别是贫困者和弱势群体，享有平等获取经济资源的权利，享有基本服务； 增强贫困者和弱势群体的抵御灾害能力，降低其遭受极端天气事件和其他灾害的概率和易受影响程度	否	无

续表

主要目标	具体发展目标	是否新增	对应的MDGs目标
目标2：零饥饿	消除饥饿，确保所有人全年都有安全、营养和充足的食物； 消除一切形式的营养不良，解决各类人群的营养需求； 实现农业生产力翻倍和小规模粮食生产者收入翻番； 确保建立可持续粮食生产体系并执行具有抗灾能力的农作方法，加强适应气候变化和其他灾害的能力； 通过在国家、区域和国际层面建立管理得当、多样化的种子和植物库，保持物种的基因多样性，公正、公平地分享利用基因资源	否	无
目标3：良好健康与福祉	全球孕产妇每10万例活产的死亡率降至70人以下； 消除新生儿和5岁以下儿童可预防的死亡； 消除艾滋病、结核病、疟疾和被忽视的热带疾病等流行病，抗击肝炎、水传播疾病和其他传染病； 通过预防等将非传染性疾病导致的过早死亡减少1/3； 加强对滥用药物，包括滥用麻醉药品和有害使用酒精的预防与治疗； 全球公路交通事故造成的死伤人数减半； 确保普及性健康和生殖健康保健服务； 实现全民健康保障，人人享有基本保健服务、基本药品和疫苗； 大幅度减少危险化学品以及空气、水和土壤污染导致的死亡与患病人数	是	MDG 1
目标4：优质教育	确保所有男女童完成免费、公平和优质的中小学教育； 确保所有男女童获得优质幼儿发展、看护和学前教育； 确保所有男女平等获得负担得起的优质技术、职业和高等教育； 大幅度增加掌握就业、体面工作和创业所需相关技能； 消除教育中的性别差距，确保残疾人、土著居民和处境脆弱儿童等接受教育； 确保所有青年和大部分成年男女具有识字和计算能力； 确保所有进行学习的人都掌握可持续发展所需的知识和技能	是	MDG 2
目标5：性别平等	在世界各地消除对妇女和女童一切形式的歧视； 消除公共和私营部门针对妇女和女童一切形式的暴力行为； 消除童婚、早婚、逼婚及割礼等一切伤害行为； 认可和尊重无偿护理和家务； 确保妇女全面有效参与各级政治、经济和公共生活的决策，并享有进入以上各级决策领导层的平等机会	否	MDG 3
目标6：清洁饮水和卫生设施	人人普遍和公平获得安全与负担得起的饮用水； 人人享有适当和公平的环境卫生与个人卫生，改善水质； 所有行业大幅度提高用水效率，确保可持续取用和供应淡水； 在各级进行水资源综合管理，包括酌情开展跨境合作； 保护和恢复与水有关的生态系统，包括山地、森林、湿地、河流、地下含水层和湖泊	否	MDG 7

主要目标	具体发展目标	是否新增	对应的MDGs目标
目标7：经济适用的清洁能源	确保人人都能获得负担得起的、可靠的现代能源服务； 大幅度增加可再生能源在全球能源结构中的比例； 全球能效改善率提高1倍	是	
目标8：体面工作和经济增长	维持人均经济增长率； 实现更高水平的经济生产力； 推行以发展为导向的政策支持生产性活动和创新； 逐步改善全球消费和生产的资源使用效率； 所有人实现充分和生产性就业； 大幅度减少未就业和未受教育或培训的青年人比例； 根除强制劳动、现代奴隶制和贩卖人口，禁止和消除童工； 保护劳工权利，创造安全和有保障的工作环境； 制定和执行推广可持续旅游的政策，以创造就业机会； 加强国内金融机构的能力，扩大全民获得金融服务的机会	是	
目标9：产业、创新和基础设施	发展优质、可靠、可持续和有抵御灾害能力的基础设施； 大幅度提高工业在就业和GDP中的比例； 增加小型工业和其他企业获得金融服务的机会； 升级基础设施，改进工业以提升其可持续性； 提升工业部门的技术能力	是	
目标10：减少不平等	逐步实现和维持最底层40%人口的收入增长； 增强所有人的权能，促进他们融入社会、经济和政治生活； 确保机会均等，减少结果不平等现象； 采取财政、薪资和社会保障政策逐步实现更大的平等； 改善对全球金融市场和金融机构的监管与监测； 确保发展中国家在国际经济和金融机构决策过程中有更大的代表性和发言权； 促进有序、安全、正常和负责的移民与人口流动	否	MDG 8
目标11：可持续城市和社区	确保人人获得适当、安全和负担得起的住房与基本服务； 向所有人提供安全、负担得起的交通运输系统，改善道路安全； 加强包容和可持续的城市建设及管理能力； 努力保护和捍卫世界文化与自然遗产； 大幅度减少各种灾害造成的死亡人数和受灾人数及损失； 减少城市的人均负面环境影响； 向所有人普遍提供安全、包容、无障碍、绿色的公共空间	是	
目标12：负责任消费和生产	落实《可持续消费和生产模式十年方案框架》； 实现自然资源的可持续管理和高效利用； 减少生产和供应环节的粮食损失，包括收获后的损失； 实现化学品和所有废物在整个存在周期的无害环境管理； 通过预防、减排、回收和再利用，大幅度减少废物的产生； 鼓励各个公司将可持续性信息纳入各自报告周期； 推行可持续的公共采购做法； 确保获取可持续发展及与自然和谐的生活方式的信息，并具有上述意识	是	

续表

主要目标	具体发展目标	是否新增	对应的MDGs 目标
目标 13：气候行动	加强各国抵御和适应气候相关的灾害及自然灾害的能力； 将应对气候变化的举措纳入国家政策、战略和规划； 加强气候变化减缓、适应、减少影响和早期预警等方面的教育与宣传	是	
目标 14：水下生物	预防和大幅度减少各类海洋污染； 可持续管理和保护海洋及沿海生态系统以免产生重大负面影响； 通过合作等方式减少和应对海洋酸化的影响； 有效规范捕捞活动，终止过度捕捞、非法捕捞； 根据国内和国际法保护至少 10% 的沿海及海洋区域； 禁止某些助长过剩产能和过度捕捞的渔业补贴； 增加小岛屿发展中国家和最不发达国家通过可持续利用海洋资源获得的经济收益	是	
目标 15：陆地生物	保护、恢复和可持续利用陆地与内陆淡水生态系统及其服务； 推动对所有类型森林进行可持续管理； 防治荒漠化，恢复退化的土地和土壤，包括受荒漠化、干旱和洪涝影响的土地； 保护山地生态系统及生物多样性，加强山地生态系统的能力； 减少自然栖息地的退化，遏制生物多样性的丧失； 公正和公平地分享利用遗传资源产生的利益，促进适当获取这类资源； 终止偷猎和贩卖受保护的动植物物种； 防止引入外来入侵物种并大幅度减少其对土地和水域生态系统的影响； 把生态系统与生物多样性价值观纳入国家和地方规划、发展进程、减贫战略及核算	否	MDG 7
目标 16：和平、正义与强大机构	在全球大幅度减少一切形式的暴力和相关的死亡率； 制止对儿童进行虐待、剥削、贩卖及一切形式的暴力和酷刑； 促进法治，确保所有人都有平等诉诸司法的机会； 大幅度减少非法资金和武器流动，打击一切形式的有组织犯罪； 大幅度减少一切形式的腐败和贿赂行为； 在各级建立有效、负责和透明的机构； 确保各级的决策反应迅速，具有包容性、参与性和代表性； 扩大和加强发展中国家对全球治理机构的参与； 为所有人提供法律身份，包括出生登记； 依法确保公众获得各种信息，保障基本自由	是	
目标 17：促进目标实现的伙伴关系	具体包括了筹资、技术、能力建设、贸易、政策和体制的一致性、多利益相关方伙伴关系、数据、监测和问责制等方面 19 个具体目标	否	MDG 8

资料来源：https：//unstats.un.org/sdgs

　　中国在 2030 年可持续发展议程提出后不久，于 2016 年 3 月通过了《中华人民共和国国民经济和社会发展第十三个五年规划纲要》，将可持续发展议程与中国中长期发展规划进行了有机结合。2016 年 9 月，中国政府又及时地发布了《中国落实

2030 年可持续发展议程国别方案》，该方案回顾了中国落实 MDGs 的成就和经验，分析了推进落实 SDGs 的机遇和挑战，并详细阐述了中国未来 15 年落实 17 个可持续发展目标和 169 个具体目标的细节与方案。中国在 MDGs 的实施中取得了巨大的成功和经验，但随着经济发展方式调整、经济结构调整、增速换挡、新旧动能转换等，在脱贫攻坚、解决城乡和区域发展不平衡等方面仍面临巨大挑战。

SDGs 是对 MDGs 的继承、延续和深化，其核心内容主要集中于粮食和食品安全、疾病防控及社会公平与人权、水安全、能源安全、土地安全及生态环境安全等方面，其 17 个可持续发展目标与"美丽中国"的发展方向一致，涵盖了"天蓝、地绿、水清、人和"等各个维度。其目标的实现，急需可持续发展目标的本土化，并与中国中长期发展战略规划相衔接，将可持续发展目标全面融入中国的发展政策和工程建设中，并与国际社会广泛合作，共同分享发展经验，共同面对全球性发展问题，从而实现全球范围的可持续发展。

冰川旅游区主要集中在青藏高原、新疆天山及阿尔泰山地带，这一区域往往是产业单一区、低收入群体区、贫困连片区、极端气候风险区，冰川旅游的发展对于该区可持续发展目标的实现有一定的推动作用。冰川旅游作为一项转向旅游形式，其发展必将促进区域经济收入、增加劳动就业率，通过冰川旅游还可实现旅游反哺农牧业，进而实现旅游扶贫、性别平等，减少不平等现象，提供优质教育和良好福祉。通过冰川旅游，可以促进社区层面生产生活及其应对气候变化风险的可持续性水平和能力。同时，通过冰川旅游资源的快速开发，实现以往区域"输血"向"造血"功能的转变，进而促进冰川旅游区生态保护效益的提高和生态保育能力的提升，最后必将实现区域"天蓝、地绿、水清、人和"的可持续发展目标。

第二节　冰川旅游可持续发展的必然性

一、历史必然性

可持续发展是人类社会发展的必然选择，是人类对人地关系深入认识的产物。冰川旅游发展初期，景区服务、基础设施、管理体系不完善，科研认知、科普技术以及游客意识相对较低，导致较小规模的旅游却带来较大程度的环境损害，而旅游管理者为了追求经济效益，游客为了满足自身需求，二者均忽视了旅游活动带来的危害。或者，旅游管理者认识到了环境污染等负面现象，但是为了暂时性的经济效益，考虑到投入与产出的成本关系，往往不会立即采取积极的应对措施，只是简单采取"先污染，后治理"的方法，为冰川旅游发展埋下了潜在恶性循环风险。

随着可持续发展理念的不断深入和完善，冰川旅游发展的不断成熟，旅游管理者为了提升景区服务、管理、解说体系、游客舒适度等，加之游客群体素质的不断提升，景区居民、管理者、社会、经济以及环境均要求人们开始考虑冰川旅游的可持续发展战略。此外，虽然冰川旅游可以为当地居民带来经济效益，但他们对冰川具有更深的感情或更高的信仰。冰川旅游景区，很多居民世代生活于此，冰川为他们提供的不只是生活用水，更是精神的守护者。很多冰川雪山，被当地居民供奉为"神山"，如玉龙雪山被当地纳西族居民认为是他们保护神"三多"的化身，梅里雪山主峰卡瓦格博被认为是藏传佛教宁玛派分支伽居巴的保护神，有"雪山之神"的美誉。尽管这些带有宗教文化色彩，但不得否认的是冰川给当地居民带来了浓厚的情感寄托，冰川一旦消失，这种情感与信仰将无从寄托。因此，冰川旅游可持续发展，是气候变化进程中，经济、社会和环境发展的历史必然选择。

二、旅游可持续性发展的必然要求

气候变暖，达古雪山冰川进一步消退不可避免，冰川形态、景观质量和吸引力的降低已成必然，这将对达古雪山冰川旅游造成极大的负面影响。鉴于此，我们必须防患于未然，建立冰川旅游应对全球气候变暖的适应机制。达古雪山最具垄断性的旅游资源便是冰川与雪峰，但其现代冰川、冰川遗迹却与高山峡谷、森林草甸、自然环境、生物多样性和当地文化相互影响、相互依存，构成了达古雪山自然与文化的和谐统一。因此，我们必须改变以往冰川观光和其他景点单一的开发模式，向冰川雪山、森林草甸、河谷溪流与嘉绒藏族民族历史文化的组团式开发转变，通过达古雪山冰川旅游组团式开发，扩展冰川旅游类型与内涵，延伸山地旅游产业链，以满足不同游客的多样性旅游需求和适应全球气候变暖带来的负面影响。基于此，达古雪山冰川旅游可持续发展战略应主要集中于以下旅游定位，即依托达古雪山现代冰川资源，提升现有冰川观光质量，以露营和休闲度假项目激发高山气象气候和植被旅游资源的开发，以康体健身、科考科普和野营项目促进古冰川遗迹旅游资源的利用，以徒步、探险和体验旅游项目带动冰川河谷溯源项目的发展，以环境和科普教育项目拓展冰川地质博物馆功能，以文化体验旅游引领冰川文化旅游的快速发展。

达古雪山冰川旅游应对气候变暖，重在冰川观光、徒步探险、高山露营、河谷溯源、康体健身、休闲度假、科考科普等旅游项目的组团式开发，从而减轻对达古雪山冰川旅游环境压力，适应气候变暖带来的负面影响。总体而言，在全球气候变暖的背景下，世界山地冰川旅游将面临非常严重的不利影响，旅游目的地应提前评估冰川退缩对山地冰川旅游带来的不利效应，积极提升现有冰川观光和体验旅游项目质量，寻找冰川旅游替代产品，延伸冰川旅游产业链，以应对全球气候变暖给世界山地冰川旅游带来的灾难性影响。同时，高山冰川区应积极实施旅游文化产业主导战略，以清洁能源与绿色消费引领冰川区未来经济发展方向，最终形成以山区冰川观光与多种山地旅游项目组团式开发为目标的山地冰川旅游可持续发展之路。

第三节　冰川旅游可持续发展原则

一、保护性开发原则

在当前气候条件下，冰川消融及其综合影响不可避免，基于未来可持续发展做出长远准备，是当前冰川旅游首要考虑的议题。冰川旅游利益相关方不仅要意识到冰川旅游的机遇和问题，而且要意识到未来与气候变化相关的风险。冰川消退主要由全球气候变暖所致，局部的保护措施可以起到一定减缓作用，但大面积冰川保护难度极大，全球尺度的适应战略是唯一选择。有些地方政府为保护冰川，禁止开发和发展冰川旅游，此做法毫无意义，是徒劳无效的。相反，世界各国应积极支持和贯彻全球环境和能源政策，鼓励使用更为清洁的能源和新技术，特别是依照《京都议定书》、巴厘岛路线图、哥本哈根气候变化峰会目标和《巴黎协定》尽早落实节能减排配额，以减缓全球气候变暖趋势。

旅游业是一项资源型产业，自然景观和人文景观资源的丰富性很大程度上决定着旅游业发展的前景。达古雪山自然风景诱人，人文景观独特，气候资源优越，民族风情浓郁，可谓资源特色鲜明。因此，保护资源就是保护达古雪山旅游特色，就是对旅游业可持续发展的贡献。在保护资源的同时，"可持续发展旅游业"和"保护第一、开发第二"等观点已得到社会大众的普遍认同，资源开发和生态环境保护建设同样具有广大的社会基础，所有这一切都为旅游业的发展提供了良好的空间和环境。旅游资源是旅游业生存和发展的物质基础，是实现旅游可持续发展的重要保证，也是对生态资源的重要保障，如何循环利用和保护旅游资源是发展旅游业的关键所在。因此，旅游的可持续发展必须以旅游资源的可持续利用为基础，必须对旅游资源进行保护性开发，使景区旅游资源保护与开发合理进行，通过旅游资源保护，提高旅游资源质量，增大吸引力。总之，建立旅游资源绿色开发和经营管理体系，减少粗放式开发，防止低水平开发，杜绝破坏性开发，是实现开发与保护统一、景区旅游可持续发展的重要保障。

二、特色突出原则

特色资源是区域旅游产生和保持强大吸引力的源泉，也是旅游业发展的生命线。冰川旅游资源开发应突出冰川特性、突出当地人文历史，充分揭示和发展其本身独有的特色，把各项旅游资源有机地结合起来形成一个主题，以此树立当地旅游形象。有特色、有品位才会更具吸引力，也才会产生旅游竞争力。冰川旅游资源开发要在充分认识当地旅游资源特色和发展条件的基础上，准确把握国内外旅游需求市场的发展变化和旅游产品的发展趋势，对区域旅游形象、产品、市场做到科学定位、合理规划。以优势资源为基础，积极创新、突出特色、塑造名牌，发展富有特色的区域旅游产品体系和联系广泛的销售网络。在旅游资源开发和建设中要坚持"人无我有，人有我优，人优我特"原则，不照搬照套、重复建设，突出民族特色和地方风格，充分展示其原始、神秘、浩瀚、雄浑的自然景观和粗犷、淳朴、好客的民族风情以及千百年来形成的嘉绒藏族文化底蕴，树立区别于其他地域的旅游形象。

三、市场导向原则

旅游资源开发以旅游的供需关系和市场导向为核心。由于旅游动机与市场需求是深刻变化的，旅游资源在市场竞争中随时面临着入时和过时，以及扩大或丧失吸引力问题。旅游资源开发应注重旅游市场调查和预测，随着市场变化而选择重点开发。旅游资源开发应以旅游市场的需求变化为依据，以最大限度满足旅游者需要为标准，开发面向市场、研究市场、拓展市场，针对不同区域、不同层次、不同消费者群体的市场需求，充分利用自身丰富的旅游资源优势，通过策划、设计、加工、组合、包装成多元化、多功能且有卖点的旅游产品，不断扩大消费范围、消费规模、消费品质，提高其经济效益。

四、生态、经济和社会效益并重原则

据可持续发展理论，经济效益并非旅游开发的唯一目的，同时还应兼顾其社会和生态效益。旅游开发必须考虑社会和环境承受能力，如果超越社会生态承受限度就会造成资源破坏、环境质量下降、社会治安及管理混乱，这样将不利于景区旅游资源的循环利用和景区旅游的可持续发展。达古雪山冰川旅游开发必须坚持经济、社会和生态环境相统一原则。以冰川旅游开发促进景区生态保护，以保护达古雪山冰川旅游健康、持续发展。

第四节　冰川旅游可持续发展保障机制

冰川旅游资源对气候变化和人类活动的敏感性决定了冰川旅游开发必须克服传统旅游的粗放型开发模式，坚决杜绝旅游区环境污染、生态系统失调现象。冰川旅游要坚持"保护第一、开发第二"的原则，走可持续发展道路。本书通过借鉴国内外国家冰川地质公园和一些风景旅游地的成功经验，提出了冰川旅游可持续发展的战略对策，以期有利于冰川区旅游业的和谐健康持续发展。为方便理解，本节以达古雪山为例进行阐述。

一、完善旅游规划体系，践行生态保护与开发并重理念

旅游规划是旅游业发展的指导性和纲领性文件，是旅游业科学发展的蓝图，是发展旅游业的宏观指导方针和战略推进依据，是促进旅游经济健康发展的重要条

件。中国海洋型冰川旅游资源保护性开发要坚持"保护第一、开发第二，先规划、后建设"的原则，根据旅游资源特点和环境承载能力，科学制订和有效实施旅游规划，合理划定核心保护区和旅游功能区。第一，旅游总体规划中要严格限制冰川区人口发展规模，减少以石化和冶炼为主（避免温室效应）的现代工业，确定以第一产业和第三产业为主的发展目标，全力保护海洋型冰川区生态环境，促使冰川消融减缓，延长冰川旅游发展期限，最大化地服务于冰川区生态环境、市民生活、农业生产活动。第二，空间规划要合理化。景点空间布局要考虑旅游活动对景区生态环境的影响最小化，注意游览线路的分流和扩散作用。分流是将旅游者从热点景点分开，把一部分人或时间分散到其他非热点景点；扩散是发挥热点景点的带动辐射作用，带动周围和游览线路上其他景点的发展，以热带冷。同时，游览线路布局要合理，避免雷同。第三，根据季节变化，采用一定路线、方式控制游客数量，尽量减少冰川上的人为活动，避免频繁的旅游活动影响冰川稳定性和冰川区生态系统。同时，景区旅游规划要科学计算冰川公园旅游环境容量，合理调控游客时空分布，减缓人类活动对冰川的负面影响。在规划过程中除了进行合理的客源分流和景区布局外，还应利用经济、行政等策略对景区内游客数量进行调控，如实行旅游淡、旺季价格差异，严格限制核心区的游客数量等，从而保证景区在创造经济效益的同时使环境得到有效保护。另外，海洋型冰川旅游景区要适时适地完善旅游规划和扩大环境影响评价内容，在景区已建和在建项目中，必须优先通过环境影响评价和旅游总体规划，做到先规划后开发，边开发边评价目标。在特定地区进行集中开发，最大限度地利用已开发景区资源，保护特别有自然科学价值和美学价值的景观，设立保护区，避免无序开发造成冰川资源和景区生态环境的破坏。景区环境影响评价内容要扩至景区自然资源、经济条件、景观美学鉴赏、社会环境以及文化层次上的影响力，特别是环境敏感区，无论是直接的还是间接的都加以评价（王世金，2015）。

二、加强科研、科普研究，提升公众环保意识

观测和调研是分析问题的前提，所有的管理和评估都需要定点监测和抽样调查的数据支撑，没有数据支撑的规划和管理，其策略和方案有失科学性。冰川旅游，是集"气候-冰川-旅游"为一体的生态和社会系统，具有自然和人文双重属性。

因此，要了解其内涵和发展过程，不能以传统简单的走访、观察、领导决策为导向，必须要有相关监测数据和调查评估报告，作为决策支撑。在气候方面，必须在景区内不同海拔梯度建立长期的气象观测站，结合遥感气象卫星数据和区域气候模式，及时了解景区及其周边地区大气状况，评估气候变化对游客旅游的影响。在冰川方面，冰川作为冰川旅游的核心，对其监测一定要科学、合理、连续，及时了解冰川消融动态，不断更新冰川知识，完善解说体系，避免游客到了冰川出现不认识冰川或将冰川表碛与岩石混为一体的尴尬。此外，结合地面监测、遥感影像和冰川模型，了解冰川消融现状，预测冰川未来行为。还要关注冰川监测新技术，如三维摄影、无人机航测等，以便更好地掌握冰川动态和游客行为。在旅游方面，可采用问卷调查法等，及时了解游客对冰川旅游的体感、舒适度、满意度等，及时调整景区管理和娱乐项目建设。

景区环境监测和评估也要及时跟上，建立冰川与环境监测系统、地理信息系统和卫星遥感系统，以地面监控系统与人工相结合为主，以 RS 卫星遥感和无人机监测系统为辅助，确保景区森林、水源、居民、游客、动物等安全。要达到这些目标，尤其是气候、冰川、旅游三者的监测、评估以及预测，仅靠景区管理者的工作是远远不够的，需加强与相关科研院所的长期合作，寻求科技支撑，为景区发展提供更好的科学评估和合理建议，以加强达古雪山冰川、气象、水文、旅游和可持续发展方面的科学研究基础工作。此方面可参考玉龙雪山发展模式（图7-1），目前，玉龙雪山冰雪科研和科普服务功能价值逐步显现，有力推动了玉龙雪山冰雪旅游的快速发展。

旅游者是旅游活动的主体，其人数众多，成分复杂，活动范围不定，从一定程度上说，旅游者的环保意识是旅游业得以持续发展的关键。寓教于游是实现这一目标最直接、最有效的手段之一。冰川变化会对全球气候变暖产生敏感响应，这决定了冰川旅游在公众科普与环境教育方面的责任。为此，可以在游客服务中心建立具有展示和教育功能的冰川博物馆和科普教育基地（图7-2）。通过各种解说系统让冰川旅游者和相关科研工作者更多地了解冰川形成和消融的机理变化、古冰川遗迹和冰川地貌的形成和特征，以及冰川变化与气候和径流之间的关系、冰川变化对全球气候变暖的响应、冰川旅游对于区域经济社会发展的作用等最为关注的问题，为全民普及生态环境变化、冰川与气候变化、地理与地质等多学科教育提供参观和学习教育基地。同时，可以通过冰川旅游视频、导游手册、展板、标牌、门票版面设

图 7-1　玉龙雪山不同海拔梯度冰川与环境观测网络体系

计等方式，宣传冰川形成、变化和生态环境保护理念以及游客户外生态伦理观念等。总之，冰川博物馆和科普教育基地的建立为冰川旅游开发者提供了冰川旅游可持续发展的新范式或新思路。

　　国内冰川博物馆和科普基地建设较为完善的是玉龙雪山冰川博物馆（图 7-2），其布展内容包括玉龙雪山民族文化、玉龙雪山览胜、初识冰川、白水河 1 号冰川、玉龙雪山冰川的崛起、生物多样性 6 个部分，主要通过大量珍贵的标本和图片、场景复原、多媒体等科技手段，全方位、多角度地展示冰川及其地质、地貌和生物多样性，构建了一个集科学性、观赏性和趣味性于一体的冰川地学知识体系。相比之下，仍处于发展阶段的达古雪山在此方面的建设较为薄弱。因此，如达古雪山等正处于发展阶段或设施不完善的冰川旅游景区，应及时建立冰川博物馆和科普教育基地，同时考虑将博物馆、科普教育基地以及研究平台等作为景点对外开放，使包括学生、行政职能部门人员、其他社会人士等在内的旅游者能更加真实地体验科研工作，了解气候变化、冰川消融，以及气候变化对冰川、冰川旅游和社会经济带来的影响，在满足其好奇心理的同时，增强其环保意识。此种理念的科普教育方式，要强于课堂教育、导游解说以及书本等途径。

图 7-2　玉龙雪山冰川博物馆

三、采取立体防护措施，维护景区生态环境

海洋型冰川区旅游景区要依托"严格保护、合理开发"的发展思路，采取立体防护措施，科学保护利用冰川资源，维护景区生态环境。第一，加强裸露区域绿化工作，兴修人工湖和水库，做好水土保持，充分发挥"绿洲效应"和"冷湖效应"，加强对冰川区域植被、水土的保护，维持景区湿度与气温平衡，增加降水量，避免景区环境倾向于干燥恶化。第二，适时增加人工降（雨）雪。虽然全球气候变暖是冰川退缩的主要原因，但我们可以利用冰川区山脉垂直高差大、容易形成降（雨）雪的特点，加强人工增雪次数，增加冰川积累（图 7-3）。第三，建立绿色交通系统。从景区外围至冰川区各个景点力争实施旅游专线环保车队，争取做到景区废气排放最小化，同时实现景区垃圾无害化处理。第四，严格执行环境影响评价、"三同时"、总量控制和环境保护目标责任制度，以确保景区冰川生态系统的

稳定性。第五，打击冰川区盗伐林木、挖取药材、采集动植物标本、狩猎、粗放施工建设和过量接待设施兴建等违法违规行为，避免冰川区局部地段植被、土壤、空气和水体等自然资源遭到不同程度的污染和破坏，确保景区生态资源不受破坏。

图 7-3　玉龙雪山人工降雪前后降雪对比

玉龙雪山上作业前（a）与人工增雪作业后降雪覆盖（b）对比。张鸿发摄

　　冰川区生态环境保护要遵守国家和地方的自然保护法律法规，依照自然保护地的保护对象及其分级办法合理分级，协调处理好保护培育、开发利用、经营管理的关系。最大限度地提升现有旅游资源功能，优化配置闲置资源，尽量减轻对冰川资源的压力，保护好景区自然资源、生态系统和生物多样性，维护生态安全，促进人与自然和谐相处，保障经济社会的可持续发展。为确保达古雪山冰川区生态环境免遭破坏，需采用复式保护办法，对整个景区实施多维保护措施。冰川区每个景点根据自然资源和历史文化资源的不同，同样要求进行分级保护设置，对景区外的其他景点，也根据保护需要进行文化资源保护的分级设置，形成一种更为科学合理的复式保护体系。

四、整合资源，区域协作，向冰川旅游组团式开发转变

　　整合资源，区域协作是旅游发展提升旅游目的地竞争力的有效途径。在此，以达古雪山为例进行简述。达古冰川旅游谋求合作应侧重于两方面：①引进外资技术，改进基础设施。2003 年以来，尽管达古冰川投入建设了一定的基础设施，但仍

存在不足。目前达古冰川的 8 人索道技术落后，相比玉龙雪山索道运行效率较低，旺季客流量大时每天 5000 名游客就可能导致索道瘫痪，索道系统急需升级。景区内指示牌、解说牌、游客服务中心厕所、垃圾桶、休息设施、监控、安保设施修建均有待完善，此外景区工作人员培训、科研技术支持、旅游宣传推广等均需要大量资金。当地政府的资金支持力度有限，景区的发展需要引入大量外资和技术投入。目前达古冰川景区尚无外资投入，因此应加强与政府的协商制订优惠政策，调动企业的参与积极性，合作开发。②加强与大九寨国际旅游区的合作，融入九黄（九寨沟和黄龙）环线。大九寨国际旅游区包括九寨沟国家自然保护区、黄龙国家自然保护区、四姑娘风景名胜区、卧龙国家级自然保护区、达古冰川风景名胜区、古尔沟温泉。达古冰川加强与九黄环线各景点的合作，构建冰川草地游、彩林游、藏羌民俗游等一条龙旅游路线的开发模式，谋求旅游的区域联合，借助其他几个成熟景区的知名度提升自己，突出景区特色。还可以利用各景区旅游资源、客源市场的协同性，产生共性资源与市场叠加作用，丰富旅游内容，构建信息共享机制，发挥整体优势，协作销售，提高整体价值和效益，增加旅游目的地的发展和竞争力，拓展客源。

为使达古冰川旅游得以可持续发展，不能局限于单一的冰川资源观光产品，必须以多样化的旅游产品来满足多样化的旅游者消费需求。景区可依托现代冰川资源，与其他景观组合开发，开展探险、露营、科普、休闲度假、康体健身、文化体验项目。例如，可在景区泽娜措、情人湖和仙女湖等湖畔开展露营项目，游客在露营期间，可观赏和体验冰川云海、日出、彩霞、星空漫天等景象。在金猴海旁，春、冬季节常有藏酋猴出没，可设立藏酋猴保护观赏基地。统筹开发冰川观光和藏族村落体验项目，在现有冰川观光的基础上，完善上、中、下达古藏族村落基础设施，设立购物和娱乐专区，统一规范居民的经营活动，为游客提供特色餐食、住宿及特产购物。模仿玉龙雪山景区，安排多声部民歌、卡斯达温舞蹈大型表演，增加旅游的文化内涵。1935 年，长征途中在黑水召开了著名"芦花会议"，可在此设立红色文化展厅，讲解长征红军故事，并展列当时遗留下的物品。每年 10 月、11 月，是川西彩林季节，达古冰川彩林绵延千里，彩林层次感强，颜色五彩缤纷，在此期间景区可以举办红叶摄影节，吸引摄影爱好者前来。另外，达古冰川入口到洛格斯圣山沿途可以看到冰川、森林、草甸、瀑布、古冰川遗迹，且可进入性强，在保证安全的基础上可以开展单车骑行、徒步、冬（夏）令营科普教育等专项旅游，打造精品旅游线路。

达古冰川急需加强与九黄环线各景点的合作，构建冰川旅游与草地游、彩林游、藏羌民俗游等多样产品旅游路线的整合开发，谋求旅游区域联动，借助成熟景区知名度，以提升和突出自身特色，利用区域旅游资源、客源市场的协同性，发挥整体优势，协作销售，提高整体旅游收益及价值，进而提升旅游目的地发展竞争力。

五、推进典型冰川旅游开发模式的试验示范

由于开发基础、距客源市场距离等因素，一部分冰川旅游目的地会较快地发展起来，这些景区在发展过程中，将会形成较为成熟的冰川旅游开发模式或经验示范。对冰川旅游发展较为成熟的景区，后期需要深入挖掘提质增效途径，提出基于空间拓展整合开发、形象整合、产品整合、生命周期调控整合、旅游市场整合营销等于一体的冰川旅游开发模式，全面优化与提升现有冰川旅游服务质量，为开发中的冰川旅游提供可资借鉴的模式。对当前正在开发的冰川区，需要借鉴成熟开发区经验模式进行试验示范，通过对旅游服务项目种类、项目数量、多样性、客源市场的系统调查与分析，提出冰川旅游产品深度开发和多样性设计方案。对于未来冰川旅游开发景区，需要系统分析这些区域发展冰川旅游的优劣势和机遇与挑战，综合评估未来冰川旅游资源开发潜力，并设计空间开发模式（图 7-4）。

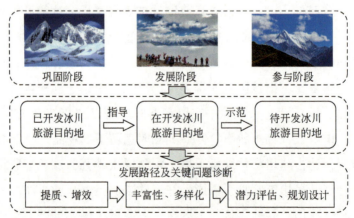

图 7-4　不同冰川旅游发展阶段的关键科学问题

本书以玉龙雪山为成熟型冰川旅游典型案例,与处于发展阶段的达古雪山冰川旅游进行对比分析和研究,以期为未来成熟型景区试验示范在开发和待开发冰川旅游目的地提供经验模式。玉龙雪山是中国冰川旅游发展最为成熟的景区,对其他区域冰川旅游开发将起到试验示范的作用。达古雪山和玉龙雪山冰川同属海洋型冰川,且都位于青藏高原东缘,是季风气候与高原季风相互作用的关键地区,二者在空间和气候上,具有很大的相似性。因此,达古雪山冰川旅游发展可以借鉴玉龙雪山的发展经验。玉龙雪山在开发早期,景区管理部门在艰苦的工作条件下,通过大量的踏勘、调查,第一次系统收集整理了玉龙雪山资源资料,组织编制了《玉龙雪山风景名胜区总体规划》《玉龙雪山旅游开发区可行性研究报告》《丽江地区2000年旅游发展规划》等规划发展文本资料,以这些文本为指导,较为有力地促进了环保工作的开展。玉龙雪山省级旅游开发区管理委员会还委托云南省环境监测中心对玉龙雪山的环境质量进行了全面的勘测和评估,制订了《丽江玉龙雪山及古城旅游区环境保护规划》,玉龙雪山因此成为云南省第一家进行环境规划工作的单位。在冰川公园项目开发之前,委托中国科学院地质与地球物理研究所和中国科学院寒区旱区环境与工程研究所相关专家进行了近两年的勘测和实地研究,形成《丽江玉龙雪山冰川公园旅游资源调查、规划、深层次开发研究报告》,以最具权威性和科学性的环保方案来指导项目建设,使玉龙雪山冰川旅游资源得到了有效保护及合理开发。目前,玉龙雪山已经形成了总体规划、景区详细规划、景点开发修建性详细规划、项目设计方案的四级规划体系;同时,在各个层次规划的编制过程中,对规划编制的内容还进行前期的策划、概念性规划编制和可行性论证研究,它们构成了法定规划的辅助支持规划体系。未来达古雪山冰川旅游开发可以学习典型冰川旅游目的地经验与模式,以敦促自身冰川旅游的快速、健康发展。

六、明确形象定位,强化宣传,优化冰川旅游客源市场结构

旅游景区形象定位要基于科学研究和景观特性,忽略科学性,会产生吹嘘的开发和营销行为,过于强调科学研究,则会使原本独特的景观特性无法发挥自身的最大潜力。如何统筹冰川景观的科学性和通俗性,需要避免过去偏重科学性、景观性的两个极端,通过科学认知,发掘冰川资源的垄断性、稀有性、代表性、典型性、功能性、文化性、历史性等内容(赵川,2012),提升冰川与地质景观的资源内涵

（图 7-5）。最后通过各类媒体、媒介，借助现代摄影、摄像、艺术等方法和形式，强化冰川旅游目的地的对外营销和推介，发挥其最大的旅游收益（图 7-5）。

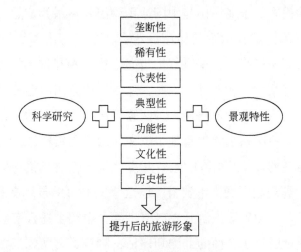

图 7-5　旅游形象提升模型

　　客源市场空间结构可间接地表征冰川旅游发展程度。当前，达古冰川客源市场定位相对模糊，科普体系有待加强。客源时空结构空间分布不均、稳定性较差，冰川旅游产品单一，客源旅游消费水平较低。优化客源市场结构，可为未来冰川旅游经营管理者制订客源市场营销战略和提升冰川旅游目的地竞争力提供理论依据。明确的形象定位是向游客传递资源特色、拓展客源市场的必备条件，依靠旅游目的地鲜明、独特的形象吸引游客是各旅游景区常有的做法。冰川是景区最具有吸引力和竞争力的垄断性旅游资源，必须给予足够的重视。在旅游宣传时首先要明确达古冰川旅游目的地的品牌形象，突出冰川和原生态环境两个特色，在此基础上弘扬红色文化、安多藏族文化。当然，达古冰川自身定位的明确需要相关科研工作的开展作为支撑，否则对游客提出的冰川方面问题底气不足。景区的解说体系不仅有利于游客对冰川及其形成机理过程的了解，丰富游客游览体验，增加游客兴趣，而且在提高游客的科学素养和知识文化的同时，也可增强游客对景区内环境保护的自觉性。因此，构建完善的解说体系在景区发展过程中十分重要。此外，冰川科普教育基地的建立不仅可以优化游客年龄结构，吸引大量中学生和大学生到来，丰富游客游览内容，而且有利于知名度的扩大。

　　强化宣传是提高达古冰川知名度的有效途径，须加强宣传投入，采用多元宣传途径。信息化时代的到来和互联网的普及使信息传递受距离影响逐渐减弱，信息获取更加快速、便捷。目前,达古冰川客源信息获取途径比较简单,以亲友同事介绍为主,其次是互联网和电视广告,报纸杂志和旅行社为空白。亲友同事介绍的信息途径传播速度慢,直接影响景区知名度的提高。互联网的优点使其成为旅游度假游客信息获取的首选途径,达古冰川选择的宣传媒介可以适当向互联网侧重,加大互联网广告投放力度。电视广告的受众也较大,选取高热度电视节目作为赞助商提供场地或者参与环境保护公益广告拍摄,增加达古冰川的曝光度。报纸杂志作为传统的宣传媒介有一定的受众,邀请在旅游方面影响力大的主流报纸杂志对达古冰川进行专访报道,将信息精准投放到旅游爱好者手中。旅行社是游客获取旅游信息的重要途径。目前达古冰川与旅行社的合作接近空白,旅行社这一重要宣传途径被忽视。因此,应加强与旅行社的合作,通过旅行社将达古冰川推荐给游客。

针对客源季节分布不均的情况,首先,针对不同季节制订主打旅游特色产品营销方案,增强淡季游客吸引力。针对达古冰川来说,春季主打冰雪+赏花,夏季主打冰雪避暑,秋季主打冰雪+彩林,冬季赏玩冰雪。其次,利用价格杠杆增加淡季客流量。客源的季节分布不均表现为旺季客流量集中,旅游资源供不应求;淡季客流量少,旅游资源处于闲置状态,完全符合市场的供求关系,因此可以用价格杠杆调节。价格杠杆调节原理是客流量与旅游价格具有负相关关系。达古冰川可以在旅游淡季加大营销力度,制订合理门票折扣政策,刺激弱消费旅游群体出游;旅游旺季制订高于淡季的门票价格来减弱旅游需求,并引导游客将旅游活动调整到淡季进行,达到客流量分流,缩短淡旺季客流量差异,提高旅游设施淡季利用率的目的。

针对不同等级的客源市场制订不同的营销方案。达古冰川客源以近域市场为主,核心市场为四川和重庆。这两个客源地的特点是距旅游目的地距离近,旅游花费相对较小,有文化认同感。对这两个客源市场持续宣传,巩固原有客源市场,在此基础上增加营销活动的种类,拓宽游客层次,提高游客重游率。达古冰川中远程客源所占比例较低,缺乏中远程客源市场,其重要市场和机会市场均属中远程客源范围。针对中远程客源市场加大营销力度,细化营销方案。重要市场可以分为两类,一类是距离旅游目的地较近的省,包括陕西、河南、河北3个省。这3个省经济水平居中,人口基数大,游客出游潜力大。针对这3个省加强以观光旅游为主的中低消费旅游产品的推广,并制订组团出游的优惠营销策略,加大旅游促销活动的力度,以低消费吸引游客到来,提高市场占有率。另一类是与旅游目的地距离虽然较第一类远,但经济发达的省(直辖市),包括广东、浙江、北京。这类客源地居民对旅游目的地旅游资源品质有很高的要求，消费水平高，在营销上偏重推广高端休闲度假和商务旅游产品，制订精品旅游路线。机会市场中西北地区包括青海、新疆、西藏、甘肃，人口稀疏、经济水平低，距离相对遥远，且这些省（自治区）均为中国冰川分布的主要省份，境内同类景点多，环境差异性小，暂且不将这些地区作为营销重点。机会市场中宁夏、内蒙古和东北三省（自治区）位于中国高纬度地区，冰雪对其吸引力较小，推广过程中可以主打立体的生态环境、彩林、少数民族风俗、红色文化。机会市场中武汉、山西、山东、江西、江苏、安徽等客源地经济呈中上水平，位于东部平原，与达古冰川环境差异性强，冰川资源和少数民族风俗对他们极具吸引力，在营销上可以开发冰川"观光+休闲"游。

此外，还应该扩充现有销售渠道，采用多样化分销网络。考虑到冰川旅游可到达性弱的特殊性，依托旅行社组织游客出游更加经济高效，达古冰川应重点加强与旅行社的合作，特别是与中远程客源旅行社的合作，利用市场的中介作用，建立覆盖面广的销售网。开拓旅行社销售网络不仅方便旅游活动组织，而且无形中起到宣传推广作用。从两个景区满意度的调查来看，景区在与旅行社合作的过程中应制订导游规范，约束导游行为，增加游客游玩过程舒适度。互联网传递信息快捷、广泛和双向交流的优势使它成为旅游产品销售的新型渠道。达古冰川应加强同旅游网络平台的合作。在各省（自治区、直辖市）设立旅游分销点，负责旅游景点的宣传及销售。旅游推介会是连接客源地和旅游目的地的重要桥梁。达古冰川应积极参与各地旅游推介会，增加客源地对达古冰川的了解，刺激潜在游客的出游意愿。

七、发掘特色产品，打造深层次专项冰川旅游

达古冰川旅游产品以单一的冰雪资源观光产品为主，游客滞留时间短，游客消费水平低。景区想要进一步发展不能再局限于单一的冰雪资源观光产品，必须发掘多样化的特色旅游产品和旅游活动，满足游客对冰川旅游深度体验的需求，打造深层次专项游。除了基础的乘坐索道到现代冰川区观光游玩外，达古冰川可以依托现代冰川资源，挖掘其他景观组合开发，开展露营、休闲度假、康体健身、探险、科普、文化体验项目。组合开发冰川和湖泊，在金猴海、泽娜措、情人湖和仙女湖等湖畔开展露营项目。冰川湖泊可以反射出不同的靓丽色彩，冰川观光和湖泊结合起来设立临时露营地，充分利用达古冰川的生态环境，给游客冰川云海、日出、彩

霞、星空漫天的度假体验。金猴海旁春冬季节常有藏酋猴的出没，可以设立藏酋猴保护观赏基地。组合开发冰川+藏族村落，完善上、中、下达古藏族村落的基础设施，修建指示牌、垃圾桶等设施，统一规范藏民的经营活动，为游客提供特色餐食、住宿及特产购物，让游客白天观赏游玩冰川景观，晚上游览藏族村落，体验不同民族的饮食生活文化；还可以每天定时安排景区多声部民歌、卡斯达温舞蹈表演，增加旅游的文化内涵。这一方面将增加旅游收入，同时也可解决当地居民的就业问题。组合开发冰川+红色文化，1935 年长征途中在黑水召开了"芦花会议"，景区内有以"红军"命名的桥和湖泊，如红军湖。景区可以设立红色文化展厅，讲解长征红军故事，并展列当时的物品，让游客体验红军与当地居民的军民鱼水情。组合开发现代冰川+古冰川遗迹+草甸+安多藏族文化，景区入口到洛格斯圣山道路可以打造高档精品游玩线路。此道路是著名的朝圣之路，沿途可以看到冰川、森林、草甸、瀑布、古冰川遗迹，且可进入性强，在保证安全的基础上可以开展露营、自行车骑行、徒步探险、冬（夏）令营科普教育等专项旅游，打造精品旅游线路。每年的 5 月和 9 月当地居民都会在洛格斯圣山举办大型活动，届时游客可以观看藏民诵经、抛洒龙达等活动。冰川+彩林，每年的 10 月、11 月是川西彩林季节，达古冰川核心区彩林绵延千里，彩林层次感强，颜色五彩缤纷，游客可以观看到晶莹洁白的冰雪和漫天红叶组合形成的五彩画卷，在此期间景区可以举办红叶摄影节，吸引摄影爱好者前来。此外，达古冰川优美的原生态的自然环境和自然与人文结合的优势可以吸引游客来景区内拍摄婚纱照，成立拍摄基地。

八、以国家公园管理理念，全面落实"五位一体"战略布局

党的十八大报告提出的经济建设、政治建设、文化建设、社会建设、生态文明建设"五位一体"战略布局首次将经济、政治、文化、社会和生态五大建设并列，为中国到 2020 年如期实现全面建成小康社会目标提供强有力的保障。2017 年 10 月 18 日，党的十九大报告提出建立以国家公园为主体的自然保护地体系，意味着我国自然保护地体系将由自然保护区为主体转换为以国家公园为主体，需将大量的各类保护地特别是自然保护区整合为国家公园。例如，达古雪山冰雪景观价值巨大、森林草原覆盖度高、生物多样性丰富，同时拥有全国典型的嘉绒藏族少数民族文化，是中国第一阶梯与第二阶梯的过渡地带，生态屏障功能极为显著。这里已经拥

有雅克夏国家森林公园、达古雪山国家地质公园、卡龙沟省级风景名胜区，这里也是岷江上游重要的水源涵养、水土保持区。未来达古雪山冰川旅游急需强化冰川、生态资源的保护性开发力度，促进当地居民生产建设，增加居民收入和提升生活幸福感，通过冰川旅游发展，进而带动当地冰雪文化、红色文化、历史文化统筹协调发展。在冰川旅游发展过程中，也需要落实当地生态保护与文化保护、生态保护与经济发展、生态保护与生态建设、国家利益与地方利益、国家利益与全民公益并重原则。同时，需要突出当地冰川红色和历史文化特色，打造国家公园管理体制和完善国家公园公益属性，最终使冰川旅游得以可持续发展。

参 考 文 献

阿坝藏族羌族自治州旅游发展委员会.2018年5月全州旅游经济运行情况.http://www.abzta.gov.cn/ghtj/system/2018/06/12/001238012.html[2018-06-12].

阿夫修克.1959.冰川研究基本方法指南.北京:科学出版社.

白明晖.1983.第四纪冰川地质调查方法.北京:地质出版社.

保继刚.1992.引力模型在游客预测中的应用.中山大学学报(自然科学版),31(4):133-136.

保继刚,楚义芳.1999.旅游地理学.北京:高等教育出版社.

保继刚,郑海燕,戴光全.2002.桂林国内客源市场的空间结构演变.地理学报,16(1):96-106.

曹欢德.2006.近期国内外旅游客源市场研究述评.天津商学院学报,(2):37-44.

曹梅盛.1997.天山地区冰川物质平衡的突变探测.冰川冻土,19(1):25-29.

崔凤军,杨永慎.1997.泰山旅游环境承载力及其时空分异特征与利用强度研究.地理研究,(04):48-56.

邓聚龙.1987.灰色预测模型GM(1,1)的三种性质——灰色预测控制的优化结构与优化信息量问题.华中工学院学报,(5):1-6.

丁光熙,陈彩萍,谢昌卫,等.2014.西天山托木尔峰南麓大型山谷冰川冰舌区消融特征分析.冰川冻土,36(1):20-29.

董志文,秦大河,任贾文,等.2013.近50年来天山乌鲁木齐河源1号冰川平衡线高度对气候变化的响应.科学通报,58(9):825-832.

崔之久.1958.贡嘎山现代冰川的初步观察——纪念为征服贡嘎山而英勇牺牲的战友.地理学报,24(3):318-342.

范弢.2008.云南丽江生态地质环境演化过程与趋势研究.昆明:昆明理工大学博士学位论文.

郭净.2007.冰川融化的另一种解释.人与生物圈,(6):44-57.

韩添丁,刘时银,丁永建,等.2005.天山乌鲁木齐河源1号冰川物质平衡特征.地球科学进展,20(3):298-303.

何琼峰.2011.国内居民出游意愿的影响因素及区域格局.经济地理,31(10):1754-1760.

胡汝骥,姜逢清,马虹,等.1999.人类活动与天山现代冰川退缩.干旱区地理,22(3):17-22.

黄楚兴,陈晓平.2003.冰川地质旅游资源的开发策略.思想战线,29(2):45-49.

黄和平,冯学钢,万田户.2015.中国出游市场的影响因素、区域差异与开发模式——基于客源地出游动机市场细分的实证分析.经济地理,35(9):195-201.

黄汲清.1984.中国的冰川.冰川冻土,6(1):85-93.

黄蓉蓉.2014.国内外游客量预测研究综述.旅游纵览(下半月),(8):79-80.

黄先开,张丽峰,丁于思.2013.百度指数与旅游景区游客量的关系及预测研究——以北京故宫为例.旅游学刊,28(11):93-100.

姜辽,赵瑞,张述林.2008.中国西部山地冰川的旅游性及其空间开发思维.宁夏师范学院学报,29(3):63-66.

焦克勤,井哲帆,韩添丁,等.2004.42年来天山乌鲁木齐河源1号冰川变化及其趋势预测.冰川冻土,26(3):253-260.

焦克勤,井哲帆,成鹏,等.2009.天山奎屯河哈希勒根51号冰川变化监测结果分析.干旱区地理,32(5):733-738.

靳诚,陆玉麒,徐菁.2010.1995年来中国省际入境旅游相对优势演化的空间特征分析.人文地理,25(1):148-154.

井哲帆,叶佰生,焦克勤,等.2002.天山奎屯河哈希勒根51号冰川表面运动特征分析.冰川冻土,24(5):563-566.

康尔泗.1996.高亚洲冰冻圈能量平衡特征和物质平衡变化计算研究.冰川冻土,18(S):12-22.

康尔泗,沈永平,李新,等.2004.中国冰川和积雪及其水资源状况综合分析.兰州:中国科学院寒区旱区环境与工程研究所.

康兴成,丁良福.1981.天山和祁连山的冰川物质平衡、雪线位置与天气气候的关系.冰川冻土,3(1):53-56.

赖祖铭,叶佰生.1990.用冰川径流模型估计气候变化对天山乌鲁木齐河源1号冰川水资源的影响.水科学进展,1(1):59-64.

李哲,吕宝善.1979.华西构造体系.云南冶金,(02):1-7,14.

李吉均,苏珍.1996.横断山冰川.北京:科学出版社.

李陇堂,王艳茹,王继霞,等.2017.沙漠型景区客源市场结构与游客行为特征——以宁夏沙坡头为例.中国沙漠,37(03):587-593.

李乃文,韩婧婧.2015.基于时间序列修正算法的中国入境旅游人数预测.资源开发与市场,31(1):126-1130.

李铁松.1999.玉龙山上升历史与第四纪冰川演化.成都理工学院学报,(3):31-33.

李霞.2015.近40年横断山冰川变化的遥感监测研究.兰州:兰州大学硕士学位论文.

李宜聪,张捷,刘泽华,等.2016.自然灾害型危机事件后国内旅游客源市场恢复研究——以九寨沟景区为例.旅游学刊,31(6):104-112.

李泽萱.2015.海螺沟国家冰川森林公园生态旅游解说评价与优化.成都:四川农业大学硕士学位论文.

李忠勤,叶佰生.1998.天山冰川观测试验站10年来的回顾与展望.冰川冻土,20(3):280-286.

李忠勤,王飞腾,朱国才,等.2007.天山庙尔沟平顶冰川的基本特征和过去24a间的厚度变化.冰川冻土,29(1):61-65.

李宗省.2009.中国横断山区部分海洋型冰川变化的初步分析.北京:中国科学院研究生院硕士学位论文.

梁昌勇,马银超,陈荣,等.2015.基于 SVR- ARMA 组合模型的日旅游需求预测.管理工程学报,29(01):122-127.

廖治学,戈鹏,任佩瑜,等.2013.基于 AB@ G 集成模型的九寨沟景区游客量预测研究.旅游学刊,28(04):88-93.

刘昌雪,汪德根.2008.苏州乡村旅游客源市场特征及开发对策.资源开发与市场,24(04):369-373.

刘潮海,丁良福.1988.中国天山冰川区气温和降水的初步估算.冰川冻土,10(2):151-159.

刘潮海,谢自楚,王纯足.1997.天山乌鲁木齐河源 1 号冰川物质平衡过程研究.冰川冻土,19(1):17-24.

刘丹萍,阎顺.2002.天山 1 号冰川旅游资源可持续利用初探.地域研究与开发,21(2):72-75.

刘海洋.2013.中国沙漠旅游地发展模式与潜力评价研究.兰州:兰州大学博士学位论文.

刘海洋,王乃昂,叶宜好,等.2013.中国沙漠旅游景区客流时空特征与影响因素——以鸣沙山、沙坡头、巴丹吉林为例.经济地理,33(3):156-163.

刘巧,张勇.2017.贡嘎山海洋型冰川监测与研究:历史、现状与展望.山地学报,35(5):717-726.

刘巧,刘时银,张勇,等.2011.贡嘎山海螺沟冰川消融区表面消融特征及其近期变化.冰川冻土,33(2):227-236.

刘少湃,田纪鹏,陆林.2016.上海迪士尼在建景区客源市场空间结构预测——旅游引力模型的修正及应用.地理学报,71(2):304-321.

刘时银,丁永建,王宁练,等.1998.天山乌鲁木齐河源 1 号冰川物质平衡对气候变化的敏感性研究.冰川冻土,20(1):9-13.

刘时银,姚晓军,郭万钦,等.2015.基于第二次冰川编目的中国冰川现状.地理学报,70(1):3-16.

刘泽华,顾宗欣,王楠楠,等.2013.闲暇时间约束对中山陵景区国内客源市场空间结构的影响.地理研究,32(09):1737-1746.

鲁红莉,韩海东,许君利,等.2014.天山南坡科其喀尔冰川消融区运动特征分析.冰川冻土,36(2):248-258.

陆林.1996.山岳风景区旅游者空间行为研究——兼论黄山与美国黄石公园之比较.地理学报,51(4):315-321.

间平贵,汪德根,魏向东.2009."时空压缩"与客源市场空间结构演变——以江苏国际旅游客源市场为例.经济地理,29(3):504-509.

马燕.2008.灰色模型在旅游客源市场预测中的运用.沈阳师范大学学报(自然科学版),26(3):268-271.

明庆忠.1990.玉龙山新构造运动研究.云南师范大学学报(自然科学版),10(3-4):98-105.

明庆忠,景才瑞.1991.滇西北玉龙山新构造运动研究.华中师范大学学报(自然科学版),25(2):97-101.

蒲健辰.1994.中国冰川编目(Ⅷ)——长江水系.兰州:甘肃文化出版社.

秦大河 . 2017. 冰冻圈科学概论 . 北京:科学出版社 .

秦娟 . 2013. 近期国内外旅游客源市场研究综述 . 四川烹饪高等专科学校学报,(6):37-48.

上官冬辉,刘时银,丁良福,等 . 2008. 1970—2000 年念青唐古拉山脉西段冰川变化 . 冰川冻土,30(2):204-210.

申晓素 . 2016. 昆明滇池国家旅游度假区旅游客源市场结构调查分析及优化 . 昆明:云南大学博士学位论文 .

沈永平,刘时银,丁永建,等 . 2003. 天山南坡台兰河流域冰川物质平衡变化及其对径流的影响 . 冰川冻土,25(2):124-129.

沈永平,王国亚,丁永建,等 . 2009. 1957—2006 年天山萨雷扎兹库玛拉克河流域冰川物质平衡变化及其对河流水资源的影响 . 冰川冻土,31(5):792-800.

沈振剑 . 1999. 河南省国际旅游客源市场分析 . 地域研究与开发,18(2):57-59.

施雅风 . 2000. 中国冰川与环境——现在、过去和未来 . 北京:科学出版社 .

施雅风 . 2005. 中国冰川目录 . 上海:上海科学普及出版社 .

施雅风 . 2008. 中国冰川与环境 . 北京:科学出版社 .

施雅风,谢自楚 . 1964. 中国现代冰川的基本特征 . 地理学报,30(3):183-208.

宋波 . 2008. GIS 和遥感在中国海洋型冰川区的应用研究 . 北京:中国科学院研究生院博士学位论文 .

宋巍,李建伟,张威,等 . 2017. 基于开发适宜性评价的国家地质公园旅游空间布局研究——以玉龙雪山冰川国家地质公园为例//中国城市规划学会、东莞市人民政府 . 持续发展 理性规划——2017 中国城市规划年会论文集(13 风景环境规划). 中国城市规划学会、东莞市人民政府,2017. 11.

苏珍,梁大兰,洪明 . 1983. 贡嘎山海洋性冰川发育条件及分布 . 冰川冻土,15(4):551-558.

苏珍,赵井东,郑本兴 . 2014. 中国现代冰川平衡线分布特征与末次冰期平衡线下降值研究 . 冰川冻土,36(1):9-19.

田道勇 . 1996. 浅谈旅游可持续发展 . 人文地理,11(2):16-19,72.

汪德根,陆林,陈田,等 . 2006. 呼伦贝尔——阿尔山旅游区空间组织 . 地理研究,25(1):161-170.

汪德根,陆林,刘昌雪,等 . 2004. 山岳型旅游地国内客流时空特性——以黄山、九华山为例 . 山地学报,22(5):625-632.

王坤,井哲帆,吴玉伟,等 . 2014. 祁连山七一冰川表面运动特征最新观测研究 . 冰川冻土,36(3):537-545.

王琳,李士金 . 2015. 基于 Elman 神经网络的中国入境游客量动态预测 . 资源开发与市场,31(5):627-629.

王宁练,姚檀栋,田立德,等 . 1998. 天山乌鲁木齐河源 1 号冰川的气候敏感性研究 . 干旱区地理,21(4):34-40.

王世金 . 2009. 全球气候变暖背景下高山冰川旅游地的适应战略//中国地理学会 . 中国地理学会百年庆典学术论文摘要集 . 中国地理学会,北京 .

王世金.2015.中国冰川旅游资源空间开发与规划.北京:科学出版社.

王世金,赵井东.2011.中国冰川旅游发展潜力评价及其空间开发策略.地理研究,30(8):1528-1542.

王世金,何元庆,和献中,等.2008.中国海洋型冰川旅游资源的保护性开发研究——以丽江市玉龙雪山
景区为例.云南师范大学学报(哲学社会科学版),40(6):38-43.

王世金,焦世泰,牛贺文.2012a.中国冰川旅游资源开发模式与对策研究.自然资源学报,27(8):
1276-1285.

王世金,秦大河,任贾文.2012b.中国冰川旅游资源空间开发布局研究.地理科学,32(4):464-470.

王世金,李曼,谭春萍.2013.山区居民对气候变化及其影响与适应的感知分析——以玉龙雪山地区为
例.气候变化研究进展,9(3):216-222.

王淑红,谢自楚,李巧媛.2008.近期东西天山冰川变化的对比研究.冰川冻土,30(6):946-953.

王文彬.2009.新疆天山不同区域冰川变化观测事实与对比.北京:中国科学院研究生院博士学位论文.

王宗太,苏宏超.2003.世界和中国的冰川分布及其水资源意义.冰川冻土,(5):498-503.

魏彦强,李新,高峰,等.2018.联合国2030年可持续发展目标框架及中国应对策略.地球科学进展,
33(10):1084-1093.

巫晶.2006.温泉旅游游客行为研究——以宜春温汤镇的温泉旅游为例.厦门:厦门大学硕士学位论文.

吴必虎.2001.区域旅游规划原理.北京:中国旅游出版社.

吴必虎,俞曦.2010.旅游规划原理.北京:中国旅游出版社.

吴远芬,刘玉桥,魏晓.2003.城步旅游客源市场的开发定位与营销对策研究.经济地理,(3):414-418.

伍光和,沈永平.2007.中国冰川旅游资源及其开发.冰川冻土,(4):664-667.

谢自楚.1980.冰川物质平衡及其与冰川特征的关系.冰川冻土,2(4):1-10.

谢自楚,刘潮海.2010.冰川学导论.上海:上海科学普及出版社.

解杼,张捷,刘泽华.2004.旅游客源市场空间结构及地理细分市场计量分析研究——以江西省为例.
经济地理,24(6):852-855.

徐金发,韩清,曹忠明.2000.乌鲁木齐等五地州市旅游开发研究.新疆大学学报(哲学社会科学版),
28(1):82-84.

徐素宁,韦中亚,杨景春.2000.安徽舒城旅游客源市场定量分析.地理学与国土研究,16(4):37-40.

许峰.2008.成都国际旅游营销的市场细分与定位研究.旅游学刊,23(2):36-40.

杨逸畴,李炳元,尹泽生,等.1982.西藏高原地貌的形成和演化.地理学报,37(1):76-87.

杨惠安,李忠勤,叶佰生,等.2005.过去44年乌鲁木齐河源一号冰川物质平衡结果及其过程研究.干
旱区地理,28(1):76-80.

杨针娘.1981.中国现代冰川作用区径流的基本特征.中国科学,(4):467-476.

尤联元,杨景春.2013.中国地貌.北京:科学出版社.

院玲玲,何元庆,和献中,等.2008.游客人体释放热量对玉龙雪山冰川退化是否有影响.冰川冻土,
(2):356-357.

曾忠禄,张冬梅.2007.中国发展旅游购物的模式研究.商业研究,(8):143-148.

张国飞,李忠勤,王文彬,等.2012.天山乌鲁木齐河源1号冰川1959—2009年物质平衡变化过程及特征研究.冰川冻土,34(6):1301-1309.

张国庆,田明中,刘斯文,等.2009.地质遗迹资源调查以及评价方法.山地学报,27(3):361-366.

张慧,李忠勤,王璞玉,等.2015.天山奎屯哈希勒根51号冰川变化及其对气候的响应.干旱区研究,32(1):88-93.

张娇.2016.宜兴市旅游客源市场结构研究.南京:东南大学硕士学位论文.

张捷,都金康,周寅康,等.1999.自然观光旅游地客源市场的空间结构研究——以九寨沟及比较风景区为例.地理学报,54(4):71-78.

张金华.1981.天山乌鲁木齐河源1号冰川物质平衡研究.冰川冻土,3(2):32-40.

张敏,李忠魁.2005.藏东南冰川地质旅游资源优势及其开发思路.林业调查规划,30(6):57-60.

张文敬,谢自楚.1983.天山博格达峰北坡现代冰川积累和消融特征及物质平衡的估算.冰川冻土,5(3):59-70.

张勇,刘时银,丁永建,等.2006.天山南坡科契卡尔巴西冰川物质平衡初步研究.冰川冻土,28(4):477-484.

赵川.2012.贡嘎山地学景观保护与开发模式研究.成都:成都理工大学博士学位论文.

赵佩燕,王忠斌,琼达.2016.旅游目的地社区旅游规划探讨——以西藏米堆冰川景区为例.四川林勘设计,(1):48-51.

赵云,尚前浪.2010.基于亲景度的云南省入境旅游客源市场分析.经济研究导刊,(30):161-164.

郑本兴.1996.中国冰川区生态旅游与环境保护问题//中国区域科学协会区域旅游开发专业委员会.区域旅游开发与旅游发展.第五届全国区域旅游开发学术研讨会,济南.

郑本兴.2000.云南玉龙雪山第四纪冰期与冰川演化模式.冰川冻土,22(1):53-61.

中国科学院兰州冰川冻土研究所.1989.中国冰川概论.北京:科学出版社.

中国气象局气候变化中心.2019.中国气候变化蓝皮书(2019).北京:中国气象局气候变化中心.

钟伟.2008.基于GIS的四川省冰川景观评价研究.成都:四川师范大学硕士学位论文.

朱弯弯,上官冬辉,郭万钦,等.2014.天山中部典型流域冰川变化对气候变化的响应.冰川冻土,36(6):1376-1384.

朱智,李梅.2016.四川海螺沟冰川森林公园可持续旅游发展研究.环境科学与管理,41(2):155-160.

Aall C,Høyer K G,Hall C M,et al. 2005. Tourism and climate change adaptation:the Norwegian case. Tourism Recreation and Climate Change,40(1):434-435.

Ahlman H W. 1935. Contribution to the physics of glaciers. Geographical Journal,86(2):97-113.

Arctic Council. 2009. Arctic marine Shipping Assessment(AMSA)Report. Tromsø. Norway:Arctic Council.

Arendt A,Bolch J G,Cogley A,et al. 2012. Randolph Glacier Inventory [v2.0]:A Dataset of Global Glacier Outlines. Global Land Ice Measurements from Space,Boulder Colorado,USA. Digital Media 32 pp.

Arendt A, Bliss A, Bolch T, et al. 2014. Randolph Glacier Inventory-A dataset of global glacier outlines: Version 4. 0. Global Land Ice Measurements from Space, National Snow and Ice Data Center, Boulder, USA.

Arendt A A, Bliss A, Bolch T, et al. 2015. Randolph Glacier Inventory—A dataset of global glacier outlines: Version 5. 0. GLIMS Technical Report. National Snow and Ice Data Centre. Boulder. USA.

Armstrong T, Roberts B, Swithinbank C. 1973. Illustrated glossary of snow and ice. Cambridge: Scott Polar Research Institute.

Athanasopoulos G, Song H, Sun J, et al. 2018. Bagging in tourism demand modeling and forecasting. Journal of Travel Research, 57(1):52-68.

Azzoni R S, Fugazza D, Zennaro M, et al. 2017. Recent structural evolution of Forni Glacier tongue (Ortles-Cevedale Group, Central Italian Alps). Journal of Maps, 13(2):870-878.

Bacon W. 1998. Economic systems and their impact on tourist resort development: the case of the Spa in Europe. Tourism Economics, 4(1):21-32.

Bajracharya S R, Shrestha B. 2011. The status of glaciers in the Hindu Kush-Himalayan region. International Centre for Integrated Mountain Development (ICIMOD), Kathmandu, Nepal.

Benn D I, Evans D J A. 1998. Glaciers and Glaciation. Oxford: Oxford University Press.

Beza B. 2010. The aesthetic value of a mountain landscape: A study of the Mt. Everest Trek. Landscape and Urban Planning, 97(4):306-317.

Bishop M P, Olsenholler J A, Shroder J F, et al. 2004. Global Land Ice Measurements from Space (GLIMS): Remote Sensing and GIS Investigations of the Earth's Cryosphere. Geocarto International, 19(2):57-84.

Blair R W. 1994. Moraine and valley wall collapse due to rapid deglaciation in Mount Cook National Park, New Zealand. Mountain Research and Development, 14(4):347-358.

Blundell G M, Pendleton G W. 2015. Factors affecting haul-out behavior of harbor seals (Phoca vitulina) in tidewater glacier inlets in Alaska: can tourism vessels and seals coexist? Plos One, 10(5):e0125486.

Bollati I, Smiraglia C, Pelfini M. 2013. Assessment and selection of geomorphosites and trails in the Miage glacier area (western Italian Alps). Environmental Management, 51(4):951-967.

Brun F, Berthier E, Wagnon P, et al. 2017. A spatially resolved estimate of High Mountain Asia glacier mass balances from 2000 to 2016. Nature Geoscience, 10(9):668-673.

Butler R W. 1980. The concept of a tourist area cycle of evolution: implications for management of resources. Canadian Geographer, 24(1):5-12.

Bürki R, Elsasser H, Abegg B, et al. 2005. Climate change and tourism in the Swiss Alps. London: Channelview Press.

Chang L, He Y, Yang T, et al. 2014. Analysis of Herbaceous Plant Succession and Dispersal Mechanisms in Deglaciated Terrain on Mt. Yulong, China. The Scientific World Journal, 2014:1-13.

Cannone N, Diolaiuti G, Guglielmin M, et al. 2008. Accelerating climate change impacts on alpine glacier forefield ecosystems in the European Alps. Ecological applications, 18(3) : 637-648.

Capps D M. 2017. The role of glaciers and glacier research in the development of US national parks. Earth Sciences History, 36(2) : 337-358.

Carrivick J L, Brewer T R. 2004. Improving local estimations and regional trends of glacier equilibrium line altitudes. Geografiska Annaler. Series A : Physical Geography, 86(1) : 67-79.

Cazenave A, Remy F. 2011. Sea level and climate : measurements and causes of changes. Wiley Interdisciplinary Reviews : Climate Change, 2(5) : 647-662.

Che Y J, Zhang M J, Li Z Q, et al. 2017. Glacier mass-balance and length variation observed in China during the periods 1959-2015 and 1930-2014. Quaternary International, 454 : 68-84.

Choi H, Varian H. 2012. Predicting the present with google trends. Economic Record, 88(s1) : 2-9.

Chu F L. 2004. Forecasting tourism demand : a cubic polynomial approach. Tourism Management, 25 (2) : 209-218.

Church J A, Clark P U, Cazenave A, et al. 2013. Sea level change//Stocker T F, Qin D, Plattner G K, et al. Climate Change 2013 : the physical science basis. Contribution of Working Group I to the Fifth Assessment Report of the Intergovernmental Panel on Climate Change. Cambridge : Cambridge University Press.

Cogley J G. 2009. A more complete version of the World Glacier Inventory. Annals of Glaciology, 50 (53) : 32-38.

Cook A J, Fox A J, Vaughan D G, et al. 2005. Retreating glacier fronts on the antarctic peninsula over the past half-century. Science, 308(5721) : 541-544.

Corbett R. 2001. Social impact issues among visitors to Franz Josef Glacier, Westland National Park. Wellington : Department of Conservation.

Crampon L J. 1966. Gravitational model approach to travel market analysis. Journal of Marketing, 30 (2) : 27-31.

Davidson A P, Yu Y M. 2005. The Internet and the occidental tourist : an analysis of Taiwan's tourism websites from the perspective of Western tourists. Information Technology and Tourism, 7(2) : 91-102.

Diolaiuti G, Smiraglia C. 2010. Changing glaciers in a changing climate : how vanishing geomorphosites have been driving deep changes on mountain landscape and environment. Géomorphologie : Relief, Processs, Environment, 16(2) : 131-152.

Espiner S. 2001. The Phenomenon of Risk and its Management in Natural Resource Recreation and Tourism Settings : A Case Study of Fox and Franz Josef Glaciers, Westland National Park, New Zealand. PhD Thesis, Lincoln University.

Evans S G, Clague J J. 1994. Recent climatic change and catastrophic geomorphic processes in mountain environments. Geomorphology, 10(3) : 107-128.

Farinotti D, Longuevergne L, Moholdt G, et al. 2015. Substantial glacier mass loss in the Tien Shan over the past

50 years. Nature Geoscience,8(9):716-722.

Feuillet T, Sourp E. 2011. Geomorphological heritage of the Pyrenees National Park (France): assessment, clustering,and promotion of geomorphosites. Geoheritage,3(3):151-162.

Fischer A,Olefs M,Abermann J. 2011. Glaciers,snow and ski tourism in Austria's changing climate. Annals of Glaciology,52(52):89-96.

Frey H, Haeberli W, Linsbauer A, et al. 2010. A multi-level strategy for anticipating future glacier lake formation and associated hazard potentials. Natural Hazards and Earth System Sciences,10(2):339-352.

Frömming U U. 2009. Kilimanjaro's melting glaciers: on the colonial and postcolonial perception and appropriation of African nature. Etnográfica,13(2):395-416.

Furunes T, Mykletun R J. 2012. Frozen adventure at risk? A 7-year follow-up study of Norwegian glacier tourism. Scandinavian Journal of Hospitality and Tourism,12(4):324-348.

Gabbi J,Carenzo M,Pellicciotti F,et al. 2014. A comparison of empirical and physically based glacier surface melt models for long-term simulations of glacier response. Journal of Glaciology,60(224):1140-1154.

Garavaglia V,Diolaiuti G,Smiraglia C,et al. 2012. Evaluating tourist perception of environmental changes as a contribution to managing natural resources in Glacierized areas: a case study of the Forni glacier(Stelvio National Park,Italian Alps). Environmental Management,50(6):1125-1138.

Gardelle J,Berthier E,Arnaud Y. 2012. Slight mass gain of Karakoram glaciers in the early twenty-first century. Nature Geoscience,5(5):322-325.

Gardner A S,Moholdt G,Cogley J,et al. 2013. A reconciled estimate of glacier contributions to sea level rise: 2003 to 2009. Science,340(6134):852-857.

Glen J. 1985. The flow law of ice: A discussion of the assumptions made in glacier theory,their experimental foundations and consequences. International Association of Hydrological Sciences(IAHS),47(171):c183.

Gray J T. 1973. Geomorphic effects of avalanches and rock-falls on steep mountain slopes in the Central Yukon Territory//Fahey B D, Thompson R D. Research in Polar and Alpine Geomorphology. Norwich: Geoabstracts Ltd.

Grinsted A. 2013. An estimate of global glacier volume. Cryosphere,7(1):141-151.

Guo W,Xu J,Liu S,et al. 2014. The second glacier inventory dataset of China(Version 1. 0). Cold and Arid Regions Science Data Center at Lanzhou.

Haeberli W, Kääb A, Vonder Mühll D, et al. 2001. Prevention of outburst floods from periglacial lakes at Grubengletscher,Valais,Swiss Alps. Journal of Glaciology,47(156):111-122.

Han J S, Lee T J, Ryu K. 2017. The promotion of health tourism products for domestic tourists. International Journal of Tourism Research,20(2):137-146.

He Y Q,Zhang Z L,Wilfred H,et al. 2003. Changing features of the climate and glaciers in China's monsoonal temperate glacier region. Journal of Geophysical Research,108(17):1-7.

Hirashima A, Jones J, Bonham C S, et al. 2017. Forecasting in a mixed up world: nowcasting Hawaii tourism. Annals of Tourism Research,63:191-202.

Hock R, Holmgren B. 2005. A distributed surface energy-balance model for complex topography and its application to Storglaciären,Sweden. Journal of Glaciology,51(172):25-36.

Hock R,Noetzli C. 1997. Areal melt and discharge modelling of Storglacidiren,Sweden. Annals of Glaciology, 24:211-216.

Hock R. 2003. Temperature index melt modelling in mountain areas. Journal of Hydrology,282(1-4):104-115.

Huang M. 1990. On the temperature distribution of glaciers in China. Journal of Glaciology,36(123):210-216.

Huggel C, Haeberli W, Kääb A, et al. 2004. An assessment procedure for glacial hazards in the Swiss Alps. Canadian Geotechnical Journal,41(6):1068-1083.

Huss M,Bauder A,Funk M,et al. 2008. Determination of the seasonal mass balance of four Alpine glaciers since 1865. Journal of Geophysical Research:Earth Surface,113(F1):F01015.

Huss M,Farinotti D. 2012. Distributed ice thickness and volume of all glaciers around the globe. Journal of Geophysical Research:Earth Surface,117(F4):F04010.

IAATO. 2018. Tourism Statistics. https://iaato. org/tourism-statistics [2017-12-25].

Icelandic Tourist Board. 2014. Tourism in Iceland in figures,April 2014 . Reykjavik:Icelandic Tourist Board.

Icelandic Tourist Board. 2017. Tourism in iceland in figures june 2017 [to what regions and places did visitors travel]. https://www. ferdamalastofa. is/static/files/ferdamalastofa/Frettamyndir/2017/juli/tourism-in-iceland-2017-9. pdf[2017-12-25].

IPCC. 2013. Climate Change 2013:the physical science basis//Stocker T F, Qin D, Plattner G K, et al. Contribution of Working Group I to the Fifth Assessment Report of the Intergovernmental Panel on Climate Change. Cambridge:Cambridge University Press.

IPCC. 2014. Climate change 2014:synthesis report//Team C W, Pachauri R K, Meyer L A. Contribution of Working Groups I, II and III to the Fifth Assessment Report of the intergovernmental panel on Climate Change. IPCC,Geneva,Switzerland.

IUCN,UNEP-WCMC. 2014. World Heritage Sites KML File. http://www. unep-wcmc. org/resources-and-data [2014-9-15].

Iwata S,Watanabe T. 2007. A proposal on glacier tourism of pasu glacier group, Gojal, Northern Pakistan. Rikkyo University Bulletin of Studies in Tourism,9:11-26.

Jacob T,Wahr J,Pfeffer W T,et al. 2012. Recent contributions of glaciers and ice caps to sea level rise. Nature, 482(7386):514-518.

Jurt C. 2007. Risk perception in a mountain zone: risk perception in a mountain zone. Bern:PhD. Thesis, University of Bern.

Jurt C,Brugger J,Dunbar K,et al. 2015. Cultural values of glaciers//Huggel C,Carey M,Clague J J et al. The

High- Mountain Cryosphere: Environmental Changes and Human Risks. Cambridge: Cambridge University Press.

Jóhannesdóttir G R. 2010. Landscape and Aesthetic values: not only in the eye of the beholder. Conversations with landscape. Routledge, 2016: 123-138.

Kamb W B. 1959. Ice petrofabric observations from Blue Glacier, Washington, in relation to theory and experiment. Journal of Geophysical Research, 64(11): 1891-1909.

Karwacki J, Deng S, Chapdelaine C. 1997. The tourism markets of The Four Dragons—a Canadian perspective. Tourism Management, 18(6): 373-383.

Koenig U, Abegg B. 1997. Impacts of climate change on winter tourism in the Swiss Alps. Journal of Sustainable Tourism, 5(1): 46-58.

Kraaijenbrink P D A, Bierkens M F P, Lutz A F, et al. 2017. Impact of a global temperature rise of 1.5 degrees Celsius on Asia's glaciers. Nature, 549(7671): 257-260.

Lexhagen M. 2005. The importance of value-added services to support the customer search and purchase process on travel websites. Information Technology and Tourism, 7(2): 119-135.

Li Y. 2011. Cultural tourism in an ethnic theme park: tourists' views. Journal of Tourism and Cultural Change, 9(4): 320-340.

Liu T M. 2016. The influence of climate change on tourism demand in Taiwan national parks. Tourism Management Perspectives, 20: 269-275.

Liu Y, Li Y, Parkpian P. 2018. Inbound tourism in Thailand: market form and scale differentiation in ASEAN source countries. Tourism Management, 64: 22-36.

Lund K A, Benediktsson K. 2010. Conservations With Landscape. Farnham: Ashgate Publishing Limited.

Lund K A. 2013. Experiencing nature in nature-based tourism. Tourist Studies, 13(2): 156-171.

Marzeion B, Jarosch A H, Hofer M. 2012. Past and future sea-level change from the surface mass balance of glaciers. Cryosphere, 6: 1295-1322.

Massing K. 2018. Safeguarding intangible cultural heritage in an ethnic theme park setting-the case of Binglanggu in Hainan Province, China. International Journal of Heritage Studies, 24(1): 66-82.

Matsuo K, Heki K. 2010. Time-variable ice loss in Asian high mountains from satellite gravimetry. Earth and Planetary Science Letters, 290(1): 30-36.

Mayewski P A, Jeschke P A. 1979. Himalayan and trans-himalayan glacier fluctuations since AD 1812. Arctic & Alpine Research, 11(3): 267-287.

Mello M M D, Fortuna N. 2005. Testing alternative dynamic systems for modelling tourism demand. Cef Up Working Papers, 11(4): 517-537.

Miller G H. 1973. Variations in lichen growth from direct measurements: preliminary curves for Alectoria minuscula from eastern Baffin Island, NW Canada. Arctic and Alpine Research, 5(4): 333-339.

Mowforth M, Munt I. 2015. Tourism and Sustainability: Development, Globalisation and New Tourism in the Third World. New York: Routledge.

Müller F, Caflish T, Müller G. 1977. Instruction for Compilation and Assemblage of Data for a World Glacier Inventory. Department of Geography, Swiss Federal Institute of Technology, Zurich.

National Snow & Ice Data Center. 2018. Ice loss speeds up during second half of July. http://nsidc. org/arctic-seaicenews/[2018-8-2].

Neckel N, Kropáček J, Bolch T, et al. 2014. Glacier mass changes on the Tibetan Plateau 2003-2009 derived from ICESat laser altimetry measurements. Environmental Research Letters, 9(1):014009.

Nuimura T, Sakai A, Taniguchi K, et al. 2015. The GAMDAM glacier inventory: a quality-controlled inventory of Asian glaciers. The Cryosphere, 9(3):849-864.

Nye J F. 1952. The Mechanics of Glacier Flow. Journal of Glaciology, 2(12):82-93.

Oerlemans J. 1994. Quantifying global warming from the retreat of glaciers. Science, 26(5156):243-245.

Oerlemans J. 2005. Extracting a climate signal from 169 glacier records. Science, 308(5722):675-677.

Olafsdottir G. 2013. Sometimes you've just got to get away': on trekking holidays and their therapeutic effect. Tourist Studies, 13(2):209-231.

Olav O. 2009. Norske Isbreer(in Norwegian). Oslo: Cappelen Damm.

Omoto K, Ohmura A. 2015. Pictorial 2: history of retreat of the rhone glacier recorded photographically. Journal of Geography, 124(1):iii-iv.

Pattie D C, Snyder J. 1996. Using a neural network to forecast visitor behavior. Annals of Tourism Research, 23(1):151-164.

Pearce D G. 1983. The development and impact of large-scale tourism projects: Languedoc-Roussillon(France) and Cancún (Mexico) compared. Papers of the 7th Australian/N. Z. Regional Science Conference 1982. Canberra:59-71.

Pfeffer W T, Arendt A A, Bliss A, et al. 2014. The Randolph glacier inventory: a globally complete inventory of glaciers. Journal of Glaciology, 60(221):537-552.

Pirhalla M, Gende S, Lders N M. 2014. Fate of particulate matter from cruise-ship emissions in glacier bay during the 2008 tourist season. Journal of Environmental Protection, 5(5):1235-1254.

Pu T, He Y, Zhang T, et al. 2013. Isotopic and geochemical evolution of ground and river waters in a karst dominated geological setting: A case study from Lijiang basin, South-Asia monsoon region. Applied Geochemistry, 33:199-212.

Purdie H, Gomez C, Espiner S. 2015. Glacier recession and the changing rockfall hazard: implications for glacier tourism. New Zealand Geographer, 71(3):189-202.

Purdie H. 2013. Glacier retreat and tourism: insights from New Zealand. Mountain Research and Development, 33(4):463-472.

Qu H, Lam S. 1997. A travel demand model for Mainland Chinese tourists to Hong Kong. Tourism Management, 18(8):593-597.

Qu H, Or Y S. 2006. Determinants of the travel demand model for Canadian tourists to the U. S. . International Journal of Hospitality and Tourism Administration, 7(4):1-19.

Qu Y, Qu H, Chen G. 2016. Market segmentation for a leverage revitalization of China's inbound tourism: the case of US leisure tourists. Current Issues in Tourism:1-17.

Richards G, Hall D. 2013. Tourism and sustainable community development. Tourism Management, 17(4): 309-310.

Radić V, Bliss A, Beedlow A C, et al. 2014. Regional and global projections of 21st century glacier mass changes in response to climate scenarios from global climate models. Climate Dynamics, 42(1-2):37-58.

Reynaud L, Vallon M, Martin S, et al. 1984. Spatio temporal distribution of the glacial mass balance in the Alpine, Scandinavian and Tien Shan areas. Geografiska Annaler. Series A. Physical Geography, 66(3): 239-247.

RGI Consortium. 2017. Randolph Glacier Inventory- A Dataset of Global Glacier Outlines: Version 6.0: Technical Report, Global Land Ice Measurements from Space. Colorado, USA, Digital Media. doi: https:// doi. org/10. 7265/N5-RGI-60.

Ritter F, Fiebig M, Muhar A. 2012. Impacts of global warming on mountaineering: a classification of phenomena affecting the Alpine trail network. Mountain Research and Development, 32(1):4-15.

Robbins J A, Matthews J A. 2010. Regional variation in successional trajectories and rates of vegetation change on G lacier forelands in south-central Norway. Arctic Antarctic and Alpine Research, 42(3):351-361.

Rosselló-Nadal J, Riera-Font A, Cárdenas V. 2011. The impact of weather variability on British outbound flows. Climatic Change, 105(1-2):281-292.

Saayman A, Saayman M, Barros C P, et al. 2008. Determinants of inbound tourism to South Africa. Tourism Economics, 14(1):81-96.

Salehzadeh R, Pool J K, Samaneh Soleimani. 2016. Brand personality, brand equity, and revisit intention: an empirical study of a tourist destination in Iran. Tourism Review, 71(3):205-218.

Salleh N H M, Ramachandran S, Shuib A, et al. 2008. Asian tourism demand for Malaysia: a bound test approach. Contemporary Management Research, 4(4):351-368.

Sanjay K. 2011. Mountain tourism and climate change: implications for the Nepal Himalaya. Nepal Tourism and Development Review, 1(1):1-14.

Saxena G, Ilbery B. 2008. Integrated rural tourism a border case study. Annals of Tourism Research, 35(1): 233-254.

Schmidt S, Nüsser M. 2009. Fluctuations of Raikot glacier during the past 70 years: a case study from the Nanga Parbat massif, northern Pakistan. Journal of Glaciology, 55(194):949-959.

Scott D, Jones B, Konopek J. 2007. Implication of climate and environmental change for nature-based tourism in the Canadian Rocky Mountains: A case study of Waterton Lakes National Park. Tourism Management, 28(2): 570-572.

Scott D, Lemieux C. 2010. Weather and climate information for tourism. Procedia Environmental Sciences, 1(1): 146-183.

Sencheong K, Turner L W. 2005. Neural network forecasting of tourism demand. Tourism Economics, 11(11): 301-328.

Shapoval V, Wang M C, Hara T, et al. 2017. Data mining in tourism data analysis: Inbound visitors to Japan. https://doi. org/10. 1177/0047287517696960[2018-03-12].

Shi Y, Liu C, Kang E. 2009. The glacier inventory of China. Annals of Glaciology, 50(53): 1-4.

Shih Y, Hsieh T, Cheng P, et al. 1980. Distribution, features and variations of glaciers in China Proc. Riederalp Workshop, 126: 111-116.

Sissons J. 1974. A Late-glacial ice cap in the central Grampians, Scotland. Transactions of the Institute of British Geographers, (62): 95-114.

Smith S L J. 1972. Recreation Geography. Hong Kong: Longman.

Srihadi T F, Hartoyo, Sukandar D, et al. 2016. Segmentation of the tourism market for Jakarta: Classification of foreign visitors' lifestyle typologies. Tourism Management Perspectives, 19: 32-39.

Stewart E J, Welling J T, Espiner S, et al. 2017. Comparing motives of glacier tourists to Westland Tai Poutini National Park, New Zealand and Vatnajokull National Park, Iceland. University of Otagom, Dunedin, New Zealand.

Stewart E J, Wilson J, Espiner S, et al. 2016. Implications of climate change for glacier tourism. Tourism Geographies, 18(4): 1-22.

Söcklin J, Bäumler E. 1996. Seed rain, seedling establishment and clonal growth strategies on a glacier foreland. Journal of Vegetation Science, 7(1): 45-56.

Sun M P, Liu S Y, Yao X J, et al. 2018. Glacier changes in the Qilian Mountains in the past half-century: Based on the revised First and Second Chinese Glacier Inventory. Journal of Geographical Sciences, 28(2): 206-220.

Tourism Resource Consultants. 2007. Glacier country: Issues and options for product development and growth. Report prepared for Development West Coast by Tourism Resource Consultants in association with Boffa Miskell. www. westcoastnz. com/content/library/glacier_country_issues_and_options_report_091107_. pdf[2012-5-17].

Tarbuck E J, Lutgens F K. 2009. Earth Science. New Jersy: Prentice Hall.

The Statistics Portal. Glacier Creates Economic Benefits. https://www. nps. gov/glac/learn/news/glacier-creates-economic-benefits. htm[2015-04-23].

Thompson G R, Turk J. 1994. Essentials of Modern Geology: an Environmental Approach. USA: Saunders

College Publishing.

UNESCO. 1970. Perennial ice and snow masses—A guide for compilation and assemblage of data for a world inventory: United Nations Educational, Scientific, and Cultural Organization, International Association of Scientific Hydrology, Technical Papers in Hydrology, Paris.

UNWTO, UNEP, WMO. 2008. Climate Change and Tourism: Responding to Global Challenges. Madrid: United Nations World Tourism Organization.

Vinogradov O N, Krenke A N, Oganovskiy P N. 1966. Rukovodstvo Pososostavleniyu Kataloga Lednikov [Guide on Compilation of Catalogue of Glaciers]. Leningrad: Gidrometeoizdat Russian.

Wang W J. 2014. Research on development of female tourism e-commerce market based on market segmentation. Applied Mechanics and Materials, 519: 430-435.

Wang L, Li Z, Wang F. 2011. Spatial distribution of the debris layer on glaciers of the Tuomuer Peak, western Tian Shan. Journal of Earth Science, 22(4): 528-538.

Wang S, Zhang M, Pepin N C, et al. 2014. Recent changes in freezing level heights in High Asia and their impact on glacier changes. Journal of Geophysical Research: Atmospheres, 119: (4) 1753-1765.

Wang S J, He Y Q, Song X D. 2010. Impacts of climate warming on Alpine glacier tourism and adaptive measures: a case study of Baishui glacier No. 1 in Yulong snow mountain, southwestern China. Journal of Earth Science, 21(2): 166-178.

Wang S J, Jiao S T. 2012a. Mountain Glacier Tourism and Climate Change: Impacts and Adaptation//Mihalicl, William C G. Tourism and Developments-ssues and Challenges. Hauppauge: Nova Science Publishers.

Wang S J, Jiao S T. 2012b. Adaptation models of mountain glacier tourism to climate change: a case study of Mt. Yulong Snow scenic area. Science in Cold and Arid Regions, 4(5): 401-407.

Wang S J, Cao W H. 2015. Climate change perspectives in an Alpine area, Southwest China: a case analysis of local residents' views. Ecological Indicators, 53: 211-219.

Weertman J. 1964. The theory of glacier sliding. Journal of Glaciology, 5(39): 287-303.

Welling J T, Árnason þ, Ólafsdottír R. 2015. Glacier tourism: a scoping review. Tourism Geographies, 17(5): 635-662.

Williams Jr R S, Ferrigno J G. 2012. State of the Earth's cryosphere at the beginning of the 21st century: Glaciers, global snow cover, floating ice, and permafrost and periglacial environments. Director, 508: 344-6840.

Wilson J. 2012. The impact of climate variability on tourism businesses and tourism infrastructure providers in Glacier Country. Canterbury: Lincoln University.

Wilson J, Becken S, Espiner S. 2012. The impact of climate variability on tourism businesses and tourism infrastructure providers in Glacier Country. Canterbury: Lincoln University.

Wilson J, Stewart E J, Espiner S, et al. 2014. Last chance tourism at the Franz Josef and Fox Glaciers, Westland

Tai Poutini National Park:Stakeholder perspective. Canterbury Lincoln University.

Wright C S, Priestley R. 1992. Glaciology, in results of British (Terra Nova) Antarctic Expedition of 1910-1913. London:Harrison.

Yang W, Yao T D, Xu BQ, et al. 2010. Characteristics of recent temperate glacier fluctuations in the Parlung Zangbo River basin, southeast Tibetan Plateau. Chinese Science Bulletin,55(20):2097-2102.

Yao T, Pu J, Lu A, et al. 2007. Recent glacial retreat and its impact on hydrological processes on the Tibetan Plateau, China, and surrounding regions. Arctic, Antarctic, and Alpine Research,39(4):642-650.

Yao T, Thompson L, Yang W, et al. 2012. Different glacier status with atmospheric circulations in Tibetan Plateau and surroundings. Nature Climate Change,2(9):663-667.

Yuan L L, Lu A G, Ning B Y, et al. 2006. Impacts of Yulong mountain glacier on tourism in Lijiang. Journal of Mountain Science,23(1):71-80.

Yuan L L, Wang S J. 2018. Recreational value of glacier tourism resources:A travel cost analysis for Yulong snow mountain. Journal of Moutain Sciences,15(1):1-14.

Zemp M, Frey H, Gärtner-Roer I, et al. 2015. Historically unprecedented global glacier decline in the early 21st century. Journal of Glaciology,61(228):745-762.

Zemp M, Thibert E, Huss M, et al. 2013. Reanalysing glacier mass balance measurement series. The Cryosphere,7(4):1227-1245.

Zhang M, Wang S, Li Z, et al. 2011. Glacier area shrinkage in China and its climatic background during the past half century. Journal of Geographical Sciences,22(1):15-28.

Zhang Y, Fujita K, Liu S, et al. 2011. Distribution of debris thickness and its effect on ice melt at Hailuogou glacier, southeastern Tibetan Plateau, using in situ surveys and ASTER imagery. Journal of Glaciology, 57(206):1147-1157.

Zhou Y, Li Z, Li J, et al. 2018. Glacier mass balance in the Qinghai-Tibet Plateau and its surroundings from the mid-1970s to 2000 based on Hexagon KH-9 and SRTM DEMs. Remote Sensing of Environment,210:96-112.

Zhu G, Liu Y, He Y, et al. 2015. Variations of chemical features in a monsoon glacier watershed, southeastern Tibet Plateau. Environmental Earth Sciences,74(7):5793-5803.

Zhu M, Yao T, Yang W, et al. 2017. Differences in mass balance behavior for three glaciers from different climatic regions on the Tibetan Plateau. Climate Dynamics,50(9-10):3457-3484.

Alean J. 2010. Gletscher der Alpen. Verlag:Hauptverlag.

Guðmundsson R. 2013. Vatnajökulsþjóðgarður Gestir 2005-2012. Hafnafjörður:Rannsóknir og ráðgjöf ferðaþjónustunnar.

Lagally M. 1932. Grundsätzliches zur Vektorrechnung. Jahresbericht der Deutschen Mathematiker-Vereinigung, 41:94-104.

Долгушии Л Д. 2000. Современное наземное оледенение. МГИ,Вип,98:158-208.

附　　图

附图1　达古雪山冰川公园近景和远景照（夏季）

附图 2　达古雪山冰川公园冰川及冰蚀湖景观（冬季）

附图 3　达古雪山冰川弧拱景观

附图 4　达古雪山云海景观

附图 5　达古雪山东措日月海冰蚀湖景观

附图6　达古雪山索道上部站下方鲸背岩冰川地貌景观

附图7　达古雪山冰川近景与野外场景